S

Sacré-Cœur

MONTMARTRE   Gare du Nord

Gare de l'Est

La Villette

Parc des
Buttes-Chaumont

Canal St-Martin

Place de la République

usée du
ouvre   Forum
des Halles

Centre
Georges Pompidou

Notre-Dame

QUARTIER
DU MARAIS

Ile de la Cité

Cimetière du
Père-Lachaise

in-des-Prés
Bd. St-Germain
Sorbonne   Ile St-Louis   Bd. Henri IV
Opéra
Bastille

Bd. Diderot
Place de la Nation

ourg

Panthéon   Institut du
Monde Arabe   Gare de Lyon

QUARTIER LATIN   Jardin des Plantes   Ministère des Finances

du Montparnasse   Gare
d'Austerlitz   Palais Omnisport
de Paris-Bercy

SE   Place d'Italie

Bois de Vincennes

Parc Montsouris   Bibliothèque Nationale

Seine

rsitaire

MON PREMIER VOL TOKYO-PARIS

Nouvelle édition

Y. FUJITA   T. FUJITA   S. GILLET

音声について

本書の音声は，下記サイトより無料でダウンロード，およびストリーミングでお聴きいただけます．

https://stream.e-surugadai.com/books/isbn978-4-411-01149-7/

＊ご注意
- PC からでも，iPhone や Android のスマートフォンからでも音声を再生いただけます．
- 音声は何度でもダウンロード・再生いただくことができます．
- 当音声ファイルのデータにかかる著作権・その他の権利は駿河台出版社に帰属します．無断での複製・公衆送信・転載は禁止されています．

本書には教科書に準拠した教室用 DVD があり，ご採用の先生に献呈しております．同じ内容の動画を下記サイトで公開しております．

https://www.youtube.com/channel/UC4jdTwQu1pT0wt7iURkXJ7Q/videos

はじめに

　これまでのフランス語初級教科書は「文法」と「読本」を区別し，読む力をつけることに重点をおくものが多かったように思います．しかしながら，話す，聞く，読む，書くという4つの能力は生きた言葉の実体からすれば，バラバラに切り離されたものではなく，本来は連続して存在する総合的な言語能力のはずです．本書はこうした4つの力を，初級の段階から，総合的に養成する1つの試みとして編まれました．

　本書は以下のような構成をとっています．全体は21課からなり，それぞれの課は「挨拶する」，「紹介する」，「尋ねる」といった現実のコミュニケーションの場で体験する，言語による行為 (actes de parole) をテーマとしています．そして各課はそのテーマに沿った短い dialogue で始まります．文法は，こうした言語による行為の実現に必要不可欠な，生きた知識として学習されます．また，話す，聞く，読む，書くという総合的な運用能力をつけるため，一課ごとに3種類の exercices を配しました．

　より具体的には次のようになっています．

- **Dialogue** ……… パリにフランス語を勉強しに来た18歳の日本人学生，山本美香，25歳のフランス人ジャーナリスト Laurent Bertier，そのガールフレンドで日本語を勉強しているフランス人女子学生 Sophie Moreau が本書の主人公です．彼らの出会いから別れまでを易しい日常会話で綴っています．短い会話ですから，暗記するくらい繰り返し言ってみてください．
- **Grammaire** …… 各課のテーマを表現するのに必要な文法事項をまとめています．
- **Exercices** ……… Exercice 1 は文法事項を理解したかどうか確かめるための練習です．書いて覚えてください．
　Exercice 2 はフランス語で自由に表現するための練習です．口頭による練習も行ってください．
　Phonétique と Exercice 3 は聞きとりの練習です．Exercice 3 は各課の応用問題あるいは実力テストのレベルになっていますから，内容が理解できるまで繰り返し録音を聞いてください．

　なお，本書をお使い下さった先生方，学生諸君の率直なご意見やご批判をいただければ幸いです．最後になりましたが，草稿の段階で目を通し，貴重なご指摘を賜わった Jean-François Lepez 氏をはじめとする数人の方々，そしてイラストを担当してくださった小熊未央さんに心からお礼申し上げます．

新訂増補版について

　今回の新訂増補版では，2019–22 年のコロナ禍を経た後の，フランス社会の新しい姿をお伝えしようと心がけました．Civilisation 4 の「フランス映画」，新たに付け加えた Civilisation 5 の「パリの新しい顔」を通して，そうしたフランス社会の変貌の一端を感じていただければ幸いです．またフランス社会の多様性の表れとしての新しいスターたちの登場にも注目していただけたらと思います（J'aime les stars. p.15）．

　さらにフランス語学習の一助として，今回フランス語検定試験の 4 級・5 級の模擬試験問題を掲載しました．仏検は春・秋 2 回行われます（https://apefdapf.org/）．本書を終えれば 5 級はもとより，4 級への挑戦も十分可能です．巻末に掲載した「単語ノート」を活用して，ぜひ仏検にもチャレンジしてみてください．

2024 年夏
著者

Sommaire

Leçons	Objectifs communicatifs	Objectifs grammaticaux	Pages
0	フランスとフランス語に親しむ	アルファベを発音する	2
1	挨拶する	発音と綴り字	6
2	名前，国籍，職業を言う	1. 主語人称代名詞 2. 動詞 être の直説法現在 3. 形容詞の性・数の一致 ■ 発音と綴り字 —— リエゾンとアンシェヌマン	8
3	年齢を言う，家族を語る	1. 名詞の性と数，不定冠詞 2. 動詞 avoir の直説法現在 3. 否定文 ■ 発音と綴り字 —— エリズィヨン	10
4	好きなものを言う	1. 定冠詞 2. 第一群規則動詞の直説法現在 3. 疑問文の作り方 ■ 発音と綴り字 —— h について	12
5	持ち物を言う	1. 指示形容詞 2. 所有形容詞 3. 人称代名詞の強勢形 ■ 発音と綴り字 —— e の読み方	16
6	友達について話す	1. 形容詞の位置 2. 形容詞の女性形と複数形 ■ 発音と綴り字 —— 半母音	18
7	尋ねる	1. 疑問代名詞 2. 疑問副詞 ■ 動詞 —— finir, faire	20
8	近い未来，近い過去のことを語る	1. 近接未来，近接過去 2. 前置詞 à, de の後の定冠詞の縮約 3. 中性代名詞 y ■ 動詞 —— aller, venir	22
9	時間，天候を言う	1. 疑問形容詞 2. 非人称動詞と非人称構文 ■ 動詞 —— vouloir, sortir (partir)	24
10	数量を表す	1. 部分冠詞 2. 数量の表現 3. 数量を表す中性代名詞 en	28
11	紹介する	1. 補語人称代名詞 ■ 動詞 —— savoir, connaître, pouvoir	30

12	一日を語る	1. 代名動詞 ■ 動詞 —— voir, dire	32
13	頼む，命令する	1. 命令法 2. 命令，義務を表す表現 ■ 動詞 —— devoir, écrire	36
14	未来のことを語る	1. 直説法単純未来 ■ 動詞 —— espérer, vivre	38
15	過去のことを語るⅠ	1. 直説法複合過去	40
16	過去のことを語るⅡ	1. 直説法半過去 2. 直説法大過去	42
17	人や物について語る	1. 関係代名詞 2. 指示代名詞	44
18	比較する	1. 比較級 2. 最上級	48
19	受け身の形を使う	1. 受動態 2. 現在分詞 3. ジェロンディフ	50
20	仮定する	1. 条件法現在 2. 条件法過去	52
21	感情を表現する	1. 接続法現在 2. 接続法過去	54

仏検5級　模擬試験問題 ………………………………………………… 58

仏検4級　模擬試験問題 ………………………………………………… 63

Appendice テーマ別単語ノート ……………………………………… 68

Civilisation

1. フランスが好き　♥ J'aime la France !………………… 14
2. フランス人の食事　♥ Les repas des Français ………… 26
3. フランス人の一日　♥ La journée d'un Français ……… 34
4. フランス映画　♥ Le cinéma français ………………… 46
5. パリの新しい顔　♥ Le nouveau visage de Paris ……… 56

Nouvelle édition

MON PREMIER VOL
TOKYO-PARIS

Leçon 0

フランスとフランス語に親しむ

■ 東京とパリにあるものを較べてみましょう．

● 東京タワー

🇫🇷 La tour Eiffel

● 隅田川と屋形船

🇫🇷 La Seine et les bateaux-mouches

● 浜離宮

🇫🇷 Le jardin du Luxembourg

🇫🇷 La Défense

● 新幹線

● 新宿副都心

🇫🇷 Le TGV

● 浅草寺

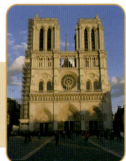
🇫🇷 Notre-Dame de Paris

■ 次の都市がどこにあるか言いなさい．

- リヨン（　　　）
- マルセイユ（　　　）
- ボルドー（　　　）
- ニース（　　　）
- ナント（　　　）
- トゥルーズ（　　　）
- ルーアン（　　　）
- ストラスブール（　　　）

■ 知っていますか？

1) フランスの国土面積は日本の約（① 1.5 倍　② 2.5 倍　③ 3.5 倍）．

2) フランスの人口は約（① 4500 万人　② 6800 万人　③ 7900 万人）．

3) パリについで人口の多い都市は（①リヨン　②ボルドー　③マルセイユ）．

4) パリと札幌を緯度で較べると，パリは（①札幌より北にある．　②ほぼ同緯度である．③札幌より南にある．）

5) フランス人の約（① 35%　② 48%　③ 95%）がカトリックである．

6) フランス語を話す人口は，世界の言語中，第（① 3 位　② 5 位　③ 9 位）．

7) フランスの法定年次有給休暇は（① 3 週間　② 4 週間　③ 5 週間）．

8) フランス語が公用語である国は約（① 20　② 30　③ 50）ある．

9) フランス語が話されていないのは（①ニューカレドニア島　②タヒチ島　③グアム島）である．

10) フランスの合計特殊出生率は約（① 1.18 人　② 1.38 人　③ 1.68 人）．

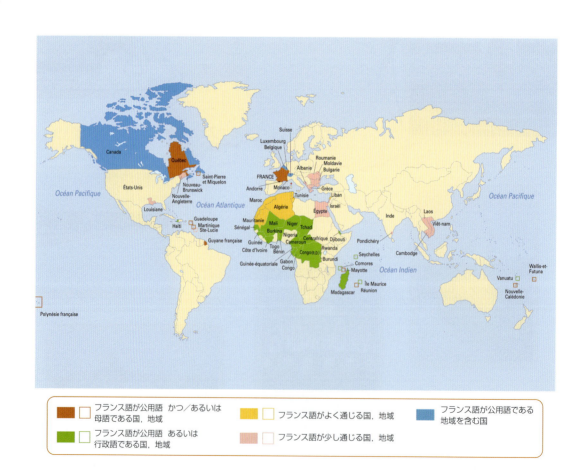

アルファベを発音する 🔊 2

Alphabet

A	a	[ɑ]	J	j	[ʒi]	S	s	[ɛs]
B	b	[be]	K	k	[kɑ]	T	t	[te]
C	c	[se]	L	l	[ɛl]	U	u	[y]
D	d	[de]	M	m	[ɛm]	V	v	[ve]
E	e	[ə]	N	n	[ɛn]	W	w	[dubləve]
F	f	[ɛf]	O	o	[o]	X	x	[iks]
G	g	[ʒe]	P	p	[pe]	Y	y	[igrɛk]
H	h	[aʃ]	Q	q	[ky]	Z	z	[zɛd]
I	i	[i]	R	r	[ɛːr]			

Exercices

1 次の略語を読みなさい．

1) TGV （フランス超特急列車）
2) PDG （社長）
3) RER （首都圏高速鉄道網）
4) SNCF （フランス国有鉄道）
5) TVA （付加価値税）
6) ONG （非政府組織，NGO）

2 自分の名前をアルファベで言いなさい．

挨拶する

Dialogue 1　3-4

M. Bertier: Bonjour, Mademoiselle.
Mika: Bonjour, Monsieur.
M. Bertier: Comment allez-vous ?
Mika: Je vais bien, merci. Et vous ?
M. Bertier: Très bien, merci.

＊目上の人やあまり親しくない人との出会いの挨拶です．

Dialogue 2　5-6

Laurent: Salut, Sophie.
Sophie: Salut, Laurent.
Laurent: Ça va ?
Sophie: Ça va bien. Et toi ?
Laurent: Pas mal.

＊親しい人どうしの出会いの挨拶です．
　相手によって表現や語彙が変わることに注意してください．

Dialogue 3　7-8

Sophie: Au revoir, Laurent.
Laurent: Salut, Sophie. À demain.

＊人と別れるときの挨拶です．

Exercices

1) Dialogue 1 を，Madame Dupont と Anne，Madame Dupont と Monsieur Dumas，Monsieur Dumas と Anne の間で演じなさい．

2) Dialogue 2 を，Marie と Pierre，Pierre と Sylvie，Marie と Sylvie の間で演じなさい．

3) Dialogue 3 を，2 と同じように演じなさい．

　＊Anne, Marie, Sylvie は女性のファースト・ネームで，Pierre は男性のファースト・ネームです．

発音と綴り字

フランス語の発音と綴り字の関係は大変規則的です．主な綴り字の読み方を勉強しましょう．

【母音字】

a, à, â	[a]/[ɑ] :	va, là / pâte
e	[–] :	salade, carte
e	[ə] :	petit, leçon
e	[ɛ]/[e] :	avec / mes
è, ê, é	[ɛ]/[e] :	très, être / été
i, î, y	[i] :	vie, île, stylo
o, ô	[ɔ]/[o] :	école / côté
u, û	[y] :	salut, sûr
ai, ei	[ɛ] :	mais, Seine
œu, eu	[œ]/[ø] :	sœur / bleu
au, eau	[o] :	sauce, chapeau
ou	[u] :	vous, tout
oi	[wa] :	toi, trois
an, am, en, em	[ã] :	France, Laurent
in, im, ain, ein	[ɛ̃] :	fin, simple, demain
un, um	[œ̃] :	un, parfum
on, om	[ɔ̃] :	bonjour, nom
ien	[jɛ̃] :	bien, tiens

【子音字】

c, ç	[s] :	merci, ceci, ça
c	[k] :	café, copie, cube
g	[ʒ] :	manger, gilet
g	[g] :	garçon, golf, guide
s	[s]/[z] :	Sylvie / mademoiselle
ss	[s] :	aussi
ch	[ʃ] :	Chine, chanson
ph	[f] :	Sophie, photo
qu	[k] :	quand, qui
th	[t] :	thé, thon
gn	[ɲ] :	signe, montagne

・語末の子音字は原則として発音しない：pas, salut, bond
ただし c, f, l, r は発音することが多い：sac, neuf, mal, bonjour

綴り字記号

´	accent aigu (アクサン テギュ)	...... é
`	accent grave (アクサン グラーブ)	...... à, è, ù
^	accent circonflexe (アクサン シルコンフレックス)	...... â, ê, î, ô, û
¸	cédille (セディーユ)	...... ç

Phonétique

次の語を発音しなさい．

1. menu　　2. musique　　3. amour　　4. auto　　5. parfait
6. gourmet　　7. fleur　　8. bouquet　　9. encore　　10. maison
11. pain　　12. bonsoir　　13. chance　　14. cognac　　15. important

名前，国籍，職業を言う

Dialogue 11-12

Laurent: Bonjour, je m'appelle* Laurent Bertier. Et vous ?
Mika: Moi, je m'appelle Mika Yamamoto. Je suis japonaise.
Laurent: Vous êtes étudiante ?
Mika: Oui, je suis étudiante. Et vous ?
Laurent: Moi, je suis journaliste. Enchanté.
Mika: Enchantée.

*Je m'appelle 〜 「名前は〜と言います」

Grammaire

1 主語人称代名詞

	単数	複数
1人称	je	nous
2人称	tu・vous	vous
3人称	il	ils
	elle	elles

2 動詞 être の直説法現在 13

être
je suis	nous sommes
tu es	vous‿êtes
il‿est	ils sont
elle‿est	elles sont

N.B. 2人称単数の tu は親しい相手にのみ用いる．普通は相手が1人でも vous を用いる．

3 形容詞の性・数の一致 14

形容詞は関係する名詞や代名詞の性・数に従って変化する．原則として男性形に e をつけると女性形に，単数形に s をつけると複数形になる（s は発音しない）．

Il est content.　　Ils sont contents.
Elle est contente.　Elles sont contentes.

人を表す名詞は原則として男性形に e をつけて女性形をつくる．
étudiant / étudiante　　Japonais / Japonaise

練習
形容詞を適当な形にしなさい．
Il est grand.
Elle est (　　　　　)．
Ils sont (　　　　　)．
Elles sont (　　　　　)．

発音と綴り字 —— リエゾンとアンシェヌマン

・語末の発音されない子音字と次の語の母音を連結して発音することをリエゾン‿，語末の発音される子音と次の語の母音を連結して発音することをアンシェヌマン⌒という．
　vous‿êtes（s は [z] の音で発音する）/ il⌒est　　elle⌒est

8

Exercices

1 次の語を参考にして質問に答えなさい．

français(e) フランス人	anglais(e) イギリス人	allemand(e) ドイツ人
espagnol(e) スペイン人	américain(e) アメリカ人	italien(ne) イタリア人
professeur 先生	médecin 医者	écrivain 作家	employé(e) サラリーマン
étudiant(e) 学生	chanteur (chanteuse) 歌手	acteur (actrice) 俳優

例) Barack Obama est *anglais* ? — Non, il est *américain*.

1) Madonna est française ? — _____
2) Agatha Christie est espagnole ? — _____
3) Haruki Murakami est médecin ? — _____
4) Angelina Jolie est chanteuse ? — _____
5) Vous êtes allemand(e) ? — _____
6) Vous êtes professeur ? — _____

2 次の人物になって **Dialogue** の場面を2人で演じなさい．

❶
Paul Vincent
français
professeur

❷
Julie Dubois
française
journaliste

❸
John Brown
américain
chanteur

❹
Maria Castel
italienne
étudiante

❺ あなた自身

 Phonétique   [ɛ̃] / [ɑ̃] / [ɔ̃]   15

今から次の単語を読み上げます．4番目に発音された単語を○で囲みなさい．

	[ɛ̃]	[ɑ̃]	[ɔ̃]		[ɛ̃]	[ɑ̃]	[ɔ̃]
1.	bain	banc	bond	5.	marin	marrant	marron
2.	sain	cent	son	6.	feindre	fendre	fondre
3.	main	ment	mont	7.	maintes	menthe	monte
4.	fin	faon	font	8.	peindre	pendre	pondre

年齢を言う，家族を語る

Dialogue 16-17

Laurent: Moi, j'ai vingt-cinq ans. Et vous, Mika ?
Mika: Moi, j'ai dix-huit ans.
Laurent: Vous êtes jeune ! Vous avez des frères et sœurs ?
Mika: Oui, j'ai un frère et deux sœurs. Et vous ?
Laurent: Moi, je n'ai pas de frères, mais j'ai une sœur.
Elle s'appelle Sylvie. Elle a vingt ans.

Grammaire

1 名詞の性と数，不定冠詞

すべての名詞に性があり，男性か女性である．単数形に s をつけると複数形になる．
不定冠詞は名詞の性・数に応じて形が変化する．

	単数 (s.)	複数 (pl.)
男性 (m.)	un	des
女性 (f.)	une	

練習
不定冠詞を入れなさい．
( ) frère, m.　( ) frères
( ) sœur, f.　( ) sœurs

N.B. 名詞が母音で始まる場合：un‿étudiant / une‿étudiante / des‿étudiants

2 動詞 avoir の直説法現在 🔊 18

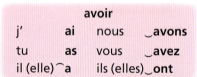

練習
avoir, être の現在形を否定形で活用させなさい．

3 否定文

主語 + ne (n') + 動詞 + pas．

Je suis français.　→　Je *ne* suis *pas* français.

・直接補語の前につく不定冠詞 un, une, des は否定文では de に変わる．
Il a une sœur.　→　Il *n'a pas de* sœur.　　J'ai des frères.　→　Je *n'ai pas de* frères.

発音と綴り字 ── エリズィヨン（母音字省略）

・je, ne, le, ce などの後に母音で始まる語がくると j', n', l', c' に変わる．
je ai → j'ai　　il ne est pas → il n'est pas

10

Exercices

1 次の語を参考にし，それぞれの絵の人物について答えなさい．

1. un (une)	2. deux	3. trois	4. quatre	5. cinq
6. six	7. sept	8. huit	9. neuf	10. dix
11. onze	12. douze	13. treize	14. quatorze	15. quinze
16. seize	17. dix-sept	18. dix-huit	19. dix-neuf	20. vingt

| un père 父 | une mère 母 | un enfant 子供 | un fils [fis] 息子 |
| une fille 娘 | un cousin 従兄弟 | une cousine 従姉妹 | |

Mika
18 歳
兄ひとり妹 2 人
従兄弟 3 人

Sylvie
20 歳
兄ひとり
姉妹なし

M. Bertier
60 歳
息子ひとり
娘ひとり

1) Mika a des sœurs ?　—　_____
2) Mika a des cousines ?　—　_____
3) Sylvie a dix-sept ans ?　—　_____
4) Sylvie a des frères et sœurs ?　—　_____
5) Monsieur Bertier a des enfants ?　—　_____

2 自分を紹介しなさい（名前，国籍，職業，年齢，家族）．

例） Je m'appelle Laurent Bertier. Je suis français.
Je suis journaliste. J'ai vingt-cinq ans.
J'ai une sœur.

 Phonétique　[œ] [ø] / [u] / [ɔ] [o]

今から次の単語を読み上げます．4番目に発音された単語を○で囲みなさい．

	[œ]	[u]	[ɔ]		[ø]	[u]	[o]
1.	leur	lourd	lors	5.	meut	mou	mot
2.	cœur	cours	corps	6.	deux	doux	dos
3.	seul	soûle	sol	7.	vœu	vous	veau
4.	peur	pour	port	8.	ceux	sous	seau

■ 11

Leçon 4

好きなものを言う

Dialogue 🔊 21-22

Laurent: Est-ce que vous aimez la nature ?
Mika: Bien sûr, j'adore la nature.
J'aime le soleil, le vent, les nuages, les fleurs… Et vous ?
Laurent: Moi aussi. Je marche tous les dimanches dans la forêt.
Mika: Ah bon ? Où habitez-vous ?
Laurent: J'habite près de la forêt de Fontainebleau.
Mika: Vous avez de la chance* !

*avoir de la chance「恵まれている」

Grammaire

1 定冠詞

m.s.	f.s.	m.f.pl.
le (l')	la (l')	les

【練習】定冠詞を入れなさい．
(　) livre, *m.* (　) livres
(　) table, *f.* (　) tables

N.B. 名詞が母音または無音の h で始まる場合：*l'*étudiant / *l'*étudiante / *les*‿étudiants

2 第一群規則動詞の直説法現在（-er 動詞） 🔊 23

marcher
je marche　　nous marchons
tu marches　　vous marchez
il marche　　ils marchent

aimer
j' aime　　nous‿aimons
tu aimes　　vous‿aimez
il‿aime　　ils‿aiment

3 疑問文の作り方

1) イントネーションによる　　Vous aimez la nature ?
2) 文頭に **Est-ce que** をつける　*Est-ce que* vous aimez la nature ?
3) 主語と動詞を倒置する　　*Aimez-vous* la nature ?
　　主語が名詞の場合　　　　Laurent *aime-t-il* la nature ?

【練習】parler, habiter を現在形に活用しなさい．

発音と綴り字 ── h について

• 無音の h と有音の h があるが，どちらも発音しない．無音の h はリエゾンやエリズィヨンをする．

des‿hommes　　je habite → j'habite（無音）/ un héros　le héros（有音）

Exercices

1 かっこの中に適当な動詞を入れなさい．

1) Elle chante bien ?　　　　　　　　— Oui, elle (　　　) très bien.
2) Tu (　　　) demain?　　　　　　　— Oui, je rentre demain.
3) Est-ce que vous (　　　) le français ?　— Oui, j'étudie le français.
4) Où (　　　)-ils ?　　　　　　　　　— Ils habitent à Paris.
5) Aimez-vous la France ?　　　　　　— Oui, nous (　　　) la France.

2 次の語を参考にして，自分の好みを表現しなさい．

> chien (*m.*) 犬　　chat (*m.*) 猫　　vin (*m.*) ワイン　　bière (*f.*) ビール　　viande (*f.*) 肉
> poisson (*m.*) 魚　　film français [japonais] (*m.*) フランス[日本]映画　　beaucoup とても
> ne 〜 pas beaucoup あまり〜ない　　ne 〜 pas du tout 全然〜ない

例) J'aime beaucoup *la nature*, mais je n'aime pas du tout *les fleurs*.
　　N.B. 数えられない名詞には単数，数えられる名詞には複数の定冠詞をつける．

1) _____
2) _____
3) _____
4) _____

Phonétique　　[b] / [v]　　[l] / [r]　　🔊 24

今から次の単語を読み上げます．3番目に発音された単語を○で囲みなさい．

	[b]	[v]		[b]	[v]		[l]	[r]		[l]	[r]
1.	bien	vient	4.	labeur	laveur	1.	lire	rire	4.	mêle	mère
2.	boire	voir	5.	libre	livre	2.	lève	rêve	5.	sol	sort
3.	bison	vison	6.	verbe	verve	3.	lent	rang	6.	pile	pire

Civilisation 1

フランスが好き！
J'AIME LA FRANCE !

♥ J'aime les monuments historiques.
歴史的建造物が好き

♥ L'Arc de Triomphe
（凱旋門）

♥ Le Mont-Saint-Michel
（モン・サン・ミシェル）

♥ Les châteaux de la Loire
（ロワール川の城）

♥ J'aime la nature.
自然が好き

♥ Les falaises d'Etretat
（エトルタの断崖）

♥ Les montagnes des Alpes
（アルプスの山）

♥ La campagne normande
（ノルマンディ地方の田舎）

♥ J'aime les fêtes.
お祭りが好き

♥ Le 14 juillet
（革命記念日・パリ祭）

♥ Noël
（クリスマス）

♥ Pâques
（復活祭）

♥ Carnaval
（カーニヴァル）

J'aime le sport.
スポーツが好き

♥ La Coupe du monde de football
（サッカーW杯）

♥ Roland Garros
（全仏オープンテニス）

♥ Le Tour de France
（ツール・ド・フランス）

J'aime les stars.
スターが好き

♥ Audrey Tautou
（オドレイ・トトゥ）

♥ Omar Sy
（オマール・シー）

♥ Aya Nakamura
（アヤ・ナカムラ）

J'aime faire un bon repas.
おいしい食事が好き

♥ Le foie gras
（フォア・グラ）

♥ La choucroute
（シュークルート）

♥ Les escargots
（エスカルゴ）

♥ Le fromage
（チーズ）

♥ Le champagne
（シャンパン）

15

持ち物を言う

Dialogue 🔊 25-26

Mika: C'est votre voiture ?
Laurent: Non, ce n'est pas ma voiture.
　　　　 C'est la voiture de mon père.
Mika: Ah bon, elle est à lui ! Et cette moto ?
Laurent: Elle est à moi.
Mika: Elle marche bien, votre moto ?
Laurent: Non, elle a déjà dix ans. Alors, elle est toujours en panne.

Grammaire

1 指示形容詞

m.s.	f.s.	m.f.pl.
ce (cet)	cette	ces

練習 指示形容詞を入れなさい．
(　　　) vélo, *m.*　　(　　　) voiture, *f.*
(　　　) homme, *m.*　(　　　) maisons, *f.*

N.B. 母音または無音のhではじまる男性単数名詞の場合：*cet* étudiant / *cet* hôtel

2 所有形容詞

所有者の人称と数，所有される対象の性と数により形が変化する．

	m.s.	f.s.	m.f.pl.
je	mon	ma (mon)	mes
tu	ton	ta (ton)	tes
il (elle)	son	sa (son)	ses
nous	notre	notre	nos
vous	votre	votre	vos
ils (elles)	leur	leur	leurs

練習 所有形容詞を入れなさい．
(僕の　　　) frère　　(君の　　　) sœurs
(彼の　　　) cousin　 (彼女の　　) cousine
(私達の　　) fille　　 (あなたの　) père
(あなた方の) mère　　 (彼らの　　) enfants

N.B. ma, ta, sa は母音または無音のhの前では mon, ton, son になる．
　　　ma école → *mon* école　　*sa* histoire → *son* histoire

3 人称代名詞の強勢形

主語	je	tu	il	elle	nous	vous	ils	elles
強勢形	moi	toi	lui	elle	nous	vous	eux	elles

用法
1) 主語の強調　　　　　　*Moi,* j'ai un vélo.
2) 属詞として (être の後)　Allô, c'est *toi,* Laurent ?
3) 前置詞の後　　　　　　Ce vélo est à *lui.*

16

Exercices

1 かっこの中に適当な語を入れなさい．

1) C'est ta maison ?　　　　　　　　— Oui, c'est (　　　　) maison.
2) Ce sont tes cahiers ?　　　　　　— Oui, ce sont (　　　　) cahiers.
3) Ce dictionnaire est à toi ?　　　— Oui, il est à (　　　　).
4) Cette clé est à Sophie ?　　　　　— Oui, elle est à (　　　　).
5) (　　　　) livres sont à Pierre ?　— Oui, ils sont à lui.
6) (　　　　) appartement est à Anne ?　— Oui, il est à elle.

N.B. c'est, ce sont の ce (c') は指示代名詞で中性・無変化．c'est の後には単数名詞，ce sont の後には複数名詞を用いる．指示形容詞の ce は ce livre のようにすぐ後に名詞を取る．

2 例にならって答えなさい．

例) 　❶ 　❷ 　❸ 　❹

bureau (*m.*)　　studio (*m.*)　　clé (*f.*)　　crayons (*m.pl*)　　montre (*f.*)
de Laurent　　　de Sophie　　　de Laurent　　de Mika　　　　私の

例) C'est le bureau de Laurent ?　— Oui, c'est son bureau.
　　Ce bureau est à Laurent ?　　— Oui, il est à lui.

1) C'est le studio de Sophie ?　　　— Oui, _____
2) Cette clé est à Laurent ?　　　　— Oui, _____
3) Ce sont les crayons de Mika ?　　— Oui, _____
4) Cette montre est à vous ?　　　　— Oui, _____

Phonétique [ə] / [ɛ] [e]　🔊 27

次の語を正しく発音し，音声を聞いて確認しなさい．

1. je marche　　2. demie　　　3. jeter　　　4. mercredi
5. promenade　　6. remercier　7. élève　　　8. université

発音と綴り字 ── e の読み方

- 語末では発音しない　　　　　　　　　　: base, vie
- 音節が e で終わる時　　　　　　　　[ə] : de, pe-tit, me-lon, ve-nir
- 音節が子音字で終わる時　　　　[ɛ]/[e] : a-vec, mer-ci / des, en-trer
- è, ê / é　　　　　　　　　　　　[ɛ]/[e] : très, bête / été

Leçon 6

友達について話す

Dialogue 🔊 28-29

Laurent: Tiens, voilà Isabelle avec son copain.
Sophie: Aujourd'hui, elle porte un petit chapeau rouge.
　　　　 Elle est très élégante.
Laurent: N'est-ce pas ? Et puis elle est belle, douce,
　　　　 intelligente... Enfin, c'est la fille idéale.
Sophie:: Et moi ?

Grammaire

1 形容詞の位置

形容詞は原則として名詞の後に置く：un chapeau *vert*, une cravate *française*

N.B. • **petit, grand, jeune, vieux, bon, mauvais, beau, joli** など日常的によく使われる短い形容詞は名詞の前に置く：un *petit* chapeau, une *jeune* fille
　　　• 名詞の前に複数形の形容詞がくると不定冠詞 **des** は **de** になる：*de jolies* fleurs

2 形容詞の女性形と複数形

女性形は原則として男性形に **e** をつけるが例外もある．

1) -e そのまま　　　　　： jeun*e* → jeun*e*
2) -eux → -euse　　　　： heur*eux* → heur*euse*
3) -f → -ve　　　　　　： acti*f* → acti*ve*
4) 子音字をかさねて e ： bon → bon*ne*　　gentil → gentil*le*
5) 男性第二形をもつ　 ： beau (*bel*) → *belle*　　vieux (*vieil*) → *vieille*
　　　　　　　　　　　　母音または無音の h ではじまる男性名詞の前で un *bel* arbre
6) その他　　　　　　 ： dou*x* → dou*ce*　　fran*c* → fran*che*

複数形は原則として単数形に **s** をつけるが例外もある．

　-s, -x そのまま　　　： gro*s* → gro*s*　　heureu*x* → heureu*x*

発音と綴り字 ── 半母音 [j] / [ɥ] / [w]　🔊 30

• 半母音は単独では音をつくらず，他の母音とともに一音として発音される．

[j]： piano [pjano]　　soleil [sɔlɛj]　　crayon [krɛjɔ̃]　　bien [bjɛ̃]
[ɥ]： huit [ɥit]　　　　lui [lɥi]　　　　nuage [nɥa:ʒ]　　juin [ʒɥɛ̃]
[w]： oui [wi]　　　　 trois [trwa]　　 royal [rwajal]　　loin [lwɛ̃]

Exercices

1 もとの文と同じ意味になるように，かっこ内の形容詞を適当な形に書き換えなさい．

(mince, grand, gentil, célibataire, long)

1) Elle n'est pas petite. → Elle est (　　　　　).
2) Elles ne sont pas méchantes. → Elles sont (　　　　　).
3) Je ne suis pas marié. → Je suis (　　　　　).
4) Il n'a pas les cheveux courts. → Il a les cheveux (　　　　　).
5) Elle n'est pas grosse. → Elle est (　　　　　).

2 例にならって文を書き換えなさい．

例) Cet enfant est petit. → C'est un petit enfant.

1) Ce mari est jaloux. → _____
2) Cette actrice est jeune. → _____
3) Cet homme est intelligent. → _____
4) Ces garçons sont sympathiques. → _____
5) Ces filles sont jolies. → _____

3 音声を聞いて文を書き取り，その文に合うものを下の絵の中から選びなさい． 31

1) _____ (　　)
2) _____ (　　)
3) _____ (　　)
4) _____ (　　)

ⓐ　　　ⓑ　　　ⓒ　　　ⓓ

Leçon 7

……… 尋ねる

Dialogue 🔊 32-33

Laurent: Qu'est-ce que tu fais ?

Sophie: Je prépare mon cours de japonais.

Laurent: C'est quoi, ces caractères bizarres ?

Sophie: Ce sont des kanjis, des caractères chinois.
J'ai vingt kanjis à travailler pour demain.

Laurent: Tu finis vite, et on dîne ensemble ?

Grammaire

1 疑問代名詞

	主語	直接補語 / 属詞
人	**Qui** habite ici ? **Qui est-ce qui** habite ici ?	**Qui** cherchez-vous ? / **Qui** est-ce ? **Qui est-ce que** vous cherchez ? Tu cherches **qui** ? / C'est **qui** ?
物・事	**Qu'est-ce qui** arrive ?	**Que** faites-vous ? **Qu'est-ce que** vous faites ? / **Qu'est-ce que** c'est ? Tu fais **quoi** ? / C'est **quoi**?

N.B. • 疑問代名詞の前に前置詞を置くことができる．*Avec qui* travaillez-vous ?
この時 **que** は強勢形の **quoi** に変わる．*De quoi* parlez-vous ?

2 疑問副詞

comment	*Comment* rentrez-vous ?	— Je rentre à pied.
pourquoi	*Pourquoi* pleure-t-elle ?	— Parce qu'elle est triste.
quand	*Quand* est-ce qu'il arrive ?	— Il arrive demain.
où	Tu travailles *où* ?	— Je travaille chez Sony.

―― 直説法現在 ―― 🔊 34

finir（第二群規則動詞）

je finis	nous finissons
tu finis	vous finissez
il finit	ils finissent

faire

je fais	nous faisons
tu fais	vous faites
il fait	ils font

Exercices

1 問いの文に対する答えを右の文の中から選び，両者を結びなさい．

1) Tu rentres comment ?　・　　・ Je cherche ma clé.
2) Qui cherchez-vous ?　・　　・ Je suis journaliste.
3) Comment vas-tu ?　・　　・ Je rentre en voiture.
4) Que cherchez-vous ?　・　　・ C'est un ordinateur.
5) Qu'est-ce que c'est ?　・　　・ Je vais bien.
6) Qu'est-ce que vous faites ? ・　　・ Je cherche Paul.

2 下線の部分を問う疑問文を，倒置による文と est-ce que を使う文の両方で作りなさい．

例) Je fais <u>des crêpes</u>.　　→ Que faites-vous ?
　　　　　　　　　　　　　　→ Qu'est-ce que vous faites ?

1) J'invite <u>Paul</u>.　　→ _____

2) Je donne <u>un cadeau</u> à Denis.　→ _____

3) Je travaille <u>à la mairie</u>.　→ _____

4) Je rentre <u>demain</u>.　→ _____

3 音声を聞いて文を書き取り，その文に合うものを下の絵の中から選びなさい． 🔊 35

1) _____ (　　)
2) _____ (　　)
3) _____ (　　)
4) _____ (　　)

ⓐ　　ⓑ　　ⓒ　　ⓓ

21

近い未来，近い過去のことを語る

Dialogue 36-37

Laurent: Qu'est-ce qu'on va faire ce week-end ?
On va au concert ?

Sophie: Ah non ! Je viens de finir mes examens, alors j'ai très envie de passer le week-end à la campagne.

Laurent: Tiens, il y a* un endroit très reposant à côté du lac Amance. On y va ?

Sophie: D'accord. C'est une bonne idée.

* il y a [ilja] 〜 「〜がある」(→ p.24)

Grammaire

1 近接未来，近接過去

| aller + 不定詞 (近接未来) | Je *vais voyager* en France en juillet. |
| venir de + 不定詞 (近接過去) | Je *viens de rentrer* chez moi. |

2 前置詞 à, de の後の定冠詞の縮約

à + le → **au**　　Il va *au* concert.
à + les → **aux**　Il va *aux* États-Unis.
de + le → **du**　　Il habite près *du* métro.
de + les → **des**　Le téléphone est à côté *des* toilettes.

N.B. à + la (l'), de + la (l') は変わらない．　Je vais *à la* gare.
　　　　　　　　　　　　　　　　　　　　　　Il rentre *de l'*école.

3 中性代名詞 y

前置詞 à ＋名詞（場所・事柄）に代わる．動詞の直前に置く．

Vous allez à Paris ?　　　　　　　— Oui, j'*y* vais cet été.
Vous pensez à votre mariage ?　　— Oui, j'*y* pense souvent.

── 直説法現在 ──　　　　　　　　　　　　　　　　　38

aller		venir	
je **vais**	nous **allons**	je **viens**	nous **venons**
tu **vas**	vous **allez**	tu **viens**	vous **venez**
il **va**	ils **vont**	il **vient**	ils **viennent**

Exercices

1 かっこ内から適切な形を選んで書き入れなさい．

(aux, à l', au, du, de l', des)

1) À midi, les gens vont (　　　　) restaurant.
2) Cet employé vient de sortir (　　　　) bureau.
3) Aujourd'hui, cet élève ne va pas (　　　　) école.
4) J'ai mal (　　　　) dents.
5) J'aime le parfum (　　　　) fleurs.
6) Cet étudiant vient de rentrer (　　　　) université.

N.B. avoir mal à ～「～が痛い」

2 次の文を近接未来，近接過去の文にしなさい．

例) Elle joue au tennis. → Elle va jouer au tennis.
　　　　　　　　　　　　　Elle vient de jouer au tennis.

1) Je téléphone à Sophie. → _____

2) Il a vingt-cinq ans. → _____

3) Nous faisons des courses. → _____

4) Ils partent pour les États-Unis. → _____

3 音声を聞いて文を書き取り，その文に合うものを下の絵の中から選びなさい． 🔊 39

1) _____ (　)
2) _____ (　)
3) _____ (　)
4) _____ (　)

Leçon 9

時間，天候を言う

Dialogue 🔊 40-41

Sophie: Quel sale temps ! Il pleut tous les jours depuis une semaine.

Laurent: Oui, ce n'est vraiment pas un temps pour sortir.

Sophie: Mais je n'ai pas très envie de rester toute la journée à la maison. Tu ne veux pas aller au cinéma ? On joue justement « Rêves » de Kurosawa.

Laurent: Pourquoi pas ? Ça commence à quelle heure ?

Sophie: A treize heures.

Laurent: Alors, il faut partir tout de suite.

Grammaire

1 疑問形容詞

m.s.	f.s.	m.pl.	f.pl.
quel	quelle	quels	quelles

Quel âge avez-vous ?　　　— J'ai vingt ans.
Quelle heure est-il ?　　　— Il est deux heures.
Quelle est votre adresse ?　— 18, rue Lafayette.

N.B. 疑問形容詞は感嘆詞としても使われる．*Quel* beau temps ! *Quelle* belle fleur !

2 非人称動詞と非人称構文

- 天候，時間の表現
  pleuvoir: *Il pleut.*
  　　faire: *Il fait* beau (mauvais).
  　　être: *Il est* trois heures et demie.

- その他
  falloir: *Il faut* partir tout de suite.
  avoir: *Il y a* des nuages dans le ciel.

直説法現在 🔊 42

vouloir		sortir (partirも同型)	
je veux	nous voulons	je sors	nous sortons
tu veux	vous voulez	tu sors	vous sortez
il veut	ils veulent	il sort	ils sortent

24

Exercices

1 かっこの中に適当な疑問形容詞を入れ，右の答の文と結びなさい．

1) (　　　　) jour sommes-nous ?　　・　　・ Je suis japonaise.
2) (　　　　) films aimez-vous ?　　・　　・ Ce sont des roses.
3) De (　　　　) nationalité êtes-vous ?　・　・ Nous sommes lundi.
4) (　　　　) est votre nom ?　　・　　・ J'aime les films d'amour.
5) (　　　　) sont ces fleurs ?　　・　　・ Juliette Moreau.

2 次の表現を参考にして，世界の時刻と天気を言いなさい．

- Il est une heure dix. 1時10分
- Il est trois heures et quart. 3時15分
- Il est deux heures et demie. 2時半
- Il est midi (minuit). 正午（零時）
- Il est une heure moins le quart. 1時15分前
- Il est sept heures du matin (du soir). 午前（午後）7時
- Il fait chaud (froid). 暑い（寒い）
- Il neige. 雪が降っている
- Le temps est nuageux (orageux). 天気は曇り（荒れ模様）

1) ハワイ　　：午後6時　→ À Hawaï, ＿＿＿＿＿＿＿＿＿＿＿＿＿
　　　　　　晴れ，非常に (très) 暑い ＿＿＿＿＿＿＿＿＿＿＿＿＿
2) ニューヨーク：午後10時　→ À New York, ＿＿＿＿＿＿＿＿＿＿
　　　　　　荒れ模様，少し (un peu) 暑い ＿＿＿＿＿＿＿＿＿＿
3) モスクワ　：午前7時　→ À Moscou, ＿＿＿＿＿＿＿＿＿＿＿＿
　　　　　　雪，非常に寒い ＿＿＿＿＿＿＿＿＿＿＿＿＿＿＿＿
4) 北京　　　：午前11時　→ À Pékin, ＿＿＿＿＿＿＿＿＿＿＿＿
　　　　　　雨，寒い ＿＿＿＿＿＿＿＿＿＿＿＿＿＿＿＿＿＿

3 音声を聞いて文を書き取り，その文に合うものを下の絵の中から選びなさい． 🔊 43

1) ＿＿＿＿＿＿＿＿＿＿＿＿＿＿＿＿＿＿＿＿＿＿＿＿＿＿　(　　)
2) ＿＿＿＿＿＿＿＿＿＿＿＿＿＿＿＿＿＿＿＿＿＿＿＿＿＿　(　　)
3) ＿＿＿＿＿＿＿＿＿＿＿＿＿＿＿＿＿＿＿＿＿＿＿＿＿＿　(　　)
4) ＿＿＿＿＿＿＿＿＿＿＿＿＿＿＿＿＿＿＿＿＿＿＿＿＿＿　(　　)

ⓐ　ⓑ　ⓒ　ⓓ

25

フランス人の食事
LES REPAS DES FRANÇAIS

 ### Le petit déjeuner
朝食

フランスの朝食はいわゆるコンチネンタル・スタイル。カフェ・オ・レ café au lait とタルチーヌ tartine（パンにバター，ジャムをぬったもの）が普通で，あとはジュースを飲む程度．

1. du café au lait
2. du jus d'orange
3. du beurre
4. de la confiture
5. des brioches
6. des croissants
7. des baguettes

1

2

3

4

5

6

7

- フランス人の 36% がブラック，23% がカフェ・オ・レ，14% が紅茶，11% がジュースを飲む．
- パンにバター，ジャムをつけて食べるのは 25%．
- 7% がチーズ，ヨーグルトをとる．
- 6% が朝食をとらない．

Le déjeuner
昼食

伝統的には昼食が 1 日のうちで最も重要な食事．だが，生活が忙しくなり，簡単にすませる家庭が多くなった．ただし日曜日には家族，親戚が集まり，ゆっくり会食する習慣がまだかなり残っている．

- 平日は 73% が家で昼食をとる．
- 66% が肉，38% が野菜，29% がジャガイモ，19% が米またはパスタ，9% が魚を食べる．
- レストランでは 60% がオードブル，59% がデザートを注文する．

Le déjeuner du dimanche（日曜日の昼食）

26

Le dîner
夕食

夕食は家庭では比較的簡単にすませることが多い．昼食の残りものを食べたり，スープやチーズをよく食べる．

1. du fromage
2. du vin
3. du coq au vin

- 27％が肉，23％がスープ（50才以上では43％），17％がジャガイモ，9％がハム，9％が卵を食べる．
- 71％がチーズを食べる．
- 夕食にかける時間は平均38分（朝食は17分，昼食は33分）．

Les restaurants
レストラン・外食

ビストロ，ブラスリー，ファースト・フード，セルフ・サービスの店など様々なスタイルのレストランがある．フランス人が外食する回数は減る傾向にある．なるべく無駄使いをしないように，と考えるためか．

Le bistrot
ビストロ

Le fast-food
ファースト・フード

La brasserie
ブラスリー

- 食費の18％を外食に使う．
- 40％が月に1回，14％が2回，7％が3回，レストランで食事をする．28％は1回も行かない．
- ファースト・フード店の数は，アメリカ，日本，ドイツについで4位．

（統計は *Francoscopie* を参照）

Leçon 10

数量を表す

Dialogue 🔊 44-45

Laurent: Qu'est-ce que tu prends pour le petit déjeuner ?
Sophie: Du café noir, du jus de fruit et des biscottes.
Laurent: Tu en veux combien, des biscottes ?
Sophie: J'en veux trois. J'ai faim.
Laurent: Et tu mets du beurre et de la confiture ?
Sophie: Non, pas de beurre ni* de confiture. Sinon…

*pas 〜 ni 〜 「〜も〜もない」

Grammaire

1 部分冠詞

数えられない名詞についてその若干量を表す．

m.	f.
du (de l')	de la (de l')

練習 部分冠詞を入れなさい．
( ) vin, *m.*　( ) viande, *f.*
( ) argent, *m.*　( ) eau, *f.*

N.B. 否定文では，直接補語の前につく部分冠詞は **de** に変わる．(*cf.* p.10)
　　　Tu mets *du* beurre ?　— Non, je *ne* mets *pas de* beurre.

2 数量の表現

Il y a { un peu / assez / beaucoup / trop } de { beurre. / sel. / pommes. / biscottes. }

N.B. 1. de の後は数えられない名詞は単数形，数えられる名詞は複数形，いずれも無冠詞．
　　　2. un peu de は数えられない名詞とのみ用いる．

3 数量を表す中性代名詞 en

直接補語として用いられる不定冠詞，部分冠詞，数詞，〈数量副詞 +de〉つきの名詞に代わる．
動詞の直前に置く．

　　　Avez-vous *des amis* à Paris ?　　　— Oui, j'*en* ai.
　　　Mettez-vous *du beurre* ?　　　　　— Non, je n'*en* mets pas.
　　　Combien de biscottes prenez-vous ?　— J'*en* prends *une*.
　　　Voulez-vous encore *du thé* ?　　　　— Oui, j'*en* veux bien *un peu*.

Exercices

1 かっこの中に部分冠詞を入れ，**en** を使って答えなさい．

1) Vous prenez (　　　) lait ?　　　— Oui, _____
2) Tu mets (　　　) crème ?　　　— Oui, _____
3) Combien de sucres voulez-vous ? (trois)　— _____
4) Tu as (　　　) argent ?　　　— Non, _____
5) Y a-t-il encore (　　　) eau ?　　　— Non, _____

　　N.B. il y a の否定は il n'y a pas. en は y の後に置く．「もう〜ない」ne ... plus 〜

2 次の語を参考にして，あなたがどんな朝食をとるか言いなさい．

pain (*m.*) パン	beurre (*m.*) バター	confiture (*f.*) ジャム	café (*m.*) コーヒー
thé (*m.*) 紅茶	œuf (*m.*) たまご	jambon (*m.*) ハム	sucre (*m.*) 砂糖
riz (*m.*) 御飯	salade (*f.*) サラダ	soupe de miso (*f.*) 味噌汁	

例) Pour mon petit déjeuner, je prends du pain avec du beurre, mais je ne mets pas de confiture. Je prends du café au lait avec un peu de sucre.

— _____
_____

3 音声を聞いて文を書き取り，その文に合うものを下の絵の中から選びなさい．　🔊 46

1) _____ (　　)
2) _____ (　　)
3) _____ (　　)
4) _____ (　　)

直説法現在　🔊 47

prendre		mettre	
je **prends**	nous **prenons**	je **mets**	nous **mettons**
tu **prends**	vous **prenez**	tu **mets**	vous **mettez**
il **prend**	ils **prennent**	il **met**	ils **mettent**

紹介する

Dialogue 48-49

Laurent: Mika, je te présente mon amie Sophie.
Mika: Bonjour.
Sophie: Bonjour, Mika.
　　　　Laurent me parle souvent de vous.
Mika: C'est vrai ? Je sais par Laurent que vous étudiez le japonais.
Sophie: Oui. Vous connaissez les Langues O*? J'y étudie depuis trois mois.
　　　　C'est vraiment passionnant, le japonais.
Mika: On peut faire un échange de cours, si vous voulez.
Sophie: Volontiers.

*Langues O [lɑ̃gzo] パリ東洋語学校

 Grammaire

1 補語人称代名詞

主語	直接補語	間接補語	強勢形		主語	直接補語	間接補語	強勢形
je	me (m')		moi		nous	nous		nous
tu	te (t')		toi		vous	vous		vous
il	le (l')	lui	lui		ils	les	leur	eux
elle	la (l')		elle		elles			elles

- 補語人称代名詞の位置 —— 動詞の直前に置く．

　　Tu connais Paul ?　　　　　　— Oui, je *le* connais bien.
　　Tu *me* téléphones ?　　　　　— Oui, je *te* téléphone.
　　Vous connaissez mes enfants ? — Non, je ne *les* connais pas encore.

　N.B. 直接補語，間接補語が併用される場合
　　　Tu donnes ce livre à Paul ?　— Oui, je *le lui* donne.（直接補語 + 3 人称の間接補語）
　　　Tu me donnes ce livre ?　　　— Oui, je *te le* donne.（1, 2 人称の間接補語 + 直接補語）

 50

直説法現在

savoir		connaître		pouvoir	
je **sais**	nous **savons**	je **connais**	nous **connaissons**	je **peux**	nous **pouvons**
tu **sais**	vous **savez**	tu **connais**	vous **connaissez**	tu **peux**	vous **pouvez**
il **sait**	ils **savent**	il **connaît**	ils **connaissent**	il **peut**	ils **peuvent**

> **Exercices**

1 かっこの中に適当な補語人称代名詞を入れなさい.

1) Tu m'aimes vraiment ? — Mais oui, je (　　　) aime !

2) Connaissez-vous mon frère ? — Non, je ne (　　　) connais pas.

3) Tu as mon adresse e-mail ? — Non, je ne (　　　) ai pas.

4) Il obéit à ses parents ? — Oui, il (　　　) obéit.

5) Tu me prêtes ta voiture ? — Oui, je te (　　　) prête.

2 【　　】から適当な語を選んで (　　) に入れ, 答えを導く問いの文を完成させなさい.

【 le métro, vos parents, la télé, les informations à la radio, le journal 】

例) Vous prenez souvent (le métro) ? — Oui, je le prends souvent.

1) Vous achetez (　　　　　　　　) tous les matins ?

— Oui, je l'achète tous les matins.

2) Vous regardez (　　　　　　　　) le matin ?

— Non, je ne la regarde pas le matin.

3) Vous écoutez (　　　　　　　　　　) ?

— Non, je ne les écoute jamais.

4) Vous téléphonez à (　　　　　　　　) ?

— Oui, je leur téléphone de temps en temps.

3 音声を聞いて文を書き取り, その文に含まれる補語人称代名詞が下の絵のどれにあたるか言いなさい.　🔊 51

1) _____　(　　　)

2) _____　(　　　)

3) _____　(　　　)

4) _____　(　　　)

ⓐ　　　ⓑ　　　ⓒ　　　ⓓ

La maison du bien-être

Leçon 12

一日を語る

Texte 🔊 52-53

　Je m'appelle Sophie Moreau. Je vais vous raconter comment je passe mes dimanches. Je me lève à neuf heures, je fais ma toilette, je m'habille, et je prends mon petit déjeuner. Ensuite je promène mon chien Kiki. L'après-midi, je vais voir des amis. Et le soir, je téléphone à Laurent. En ce moment, on ne se voit pas beaucoup à cause de son travail, alors on se parle souvent au téléphone. Je lui dis bonsoir et je me couche vers onze heures.

Grammaire

1 代名動詞

主語と同じものをさす補語人称代名詞（再帰代名詞）をふくむ動詞を代名動詞という．

se lever 🔊 54

je me lève	nous nous levons
tu te lèves	vous vous levez
il se lève	ils se lèvent

練習 se coucher, s'habiller を直説法現在形に活用させなさい．

N.B. 否定文　Elle *ne se lève pas* avant neuf heures.
　　　 疑問文　À quelle heure *se couche-t-elle* ?

用法
1) 再帰的（行為が主語に帰る）　　　　　　　Je *m'habille*.
2) 相互的（「互いに～する」主語は複数）　　 Ils *s'aiment* passionnément.
3) 受動的（受け身の意味．主語は物）　　　　Ce mot *s'emploie* souvent.
4) 本質的（代名動詞としてのみ用いられる）　Il *se moque de* moi.

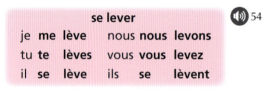

直説法現在　🔊 55

voir		dire	
je **vois**	nous **voyons**	je **dis**	nous **disons**
tu **vois**	vous **voyez**	tu **dis**	vous **dites**
il **voit**	ils **voient**	il **dit**	ils **disent**

Exercices

1 語群を結んで適切な文にしなさい．

1) Je ・　　・ nous promenons dans la forêt.
2) Il ・　　・ se mange cru.
3) Nous ・　　・ me couche vers minuit.
4) Vous ・　　・ se téléphonent pour échanger des nouvelles.
5) Ça ・　　・ vous souvenez de cette belle soirée ?
6) Ils ・　　・ s'intéresse beaucoup à la littérature française.

2 【　】内の動詞を活用させて空欄に書き入れ，朝 **Laurent** が家を出るまでの行動を述べなさい．

【 se dépêcher, se réveiller, se lever, se brosser, s'habiller, se laver 】

Laurent (　　　　) vers sept heures, mais il ne (　　　　) pas tout de suite ; il reste un peu au lit. Ensuite il (　　　　) la figure et il (　　　　) les dents. Puis il (　　　　) et il (　　　　) de prendre son petit déjeuner pour aller au bureau.

3 音声を聞いて文を書き取り，その文に合うものを下の絵の中から選びなさい． 🔊 56

1) _____ (　　)
2) _____ (　　)
3) _____ (　　)
4) _____ (　　)

ⓐ　　　　ⓑ　　　　ⓒ　　　　ⓓ

33

Civilisation 3

フランス人の一日
LA JOURNÉE D'UN FRANÇAIS

Le matin
午前

On se lève.
（起きる）

On fait sa toilette.
（身繕いをする）

On prend son petit déjeuner.
（朝食をとる）

On va à l'école.
（学校へ行く）

L'après-midi
午後

On fait des courses.
（買物をする）

On se promène.
（散歩する）

34

Les enfants goûtent.
（子供がおやつを食べる）

On prépare le dîner.
（夕食の支度をする）

On fait du jardinage.
（庭いじりをする）

🌙 Le soir
夜

On dîne.
（夕食をとる）

On regarde la télé.
（テレビを見る）

Parfois on va au cinéma.
（時々映画を見に行く）

On se couche.
（寝る）

35

頼む，命令する

Texte (lettre) 🔊 57-58

Paris, le 5 octobre

Bonjour Laurent,

　Je viens de finir mes examens. Tout se passe bien de mon côté. Et toi, que deviens-tu ? Je n'ai pas de nouvelles de toi depuis un mois. Je suis un peu inquiète. Je sais que tu dois travailler dur. Mais écris-moi de temps en temps et reviens vite. Tu me manques beaucoup.

　　　　　　　　　　　　　　Je t'embrasse très fort.

　　　　　　　　　　　　　　　　　Sophie

Grammaire

1 命令法

直説法現在形の主語 tu, nous, vous を除く（être, avoir などは特殊な形）．

	marcher	être	avoir
(tu)	marche	sois	aie
(nous)	marchons	soyons	ayons
(vous)	marchez	soyez	ayez

Marchons vite.
Sois sage.
N'ayez pas peur. （否定命令）

N.B. 1) -er で終わる動詞は 2 人称単数で -es → -e：Tu march*es* → march*e*
　　 2) 肯定命令形と補語人称代名詞：*Écris-moi* vite.（me, te は moi, toi に変わる）
　　 3) 否定命令形と補語人称代名詞：*Ne le faites pas.*
　　 4) 代名動詞の命令形　　　　　：*Levez-vous. Ne vous levez pas.*

2 命令，義務を表す表現

1) 命令法　：　*Écris* vite à Sophie.
2) Il faut ：　*Il faut* écrire à Sophie.
3) devoir ：　*Tu dois* écrire à Sophie.
4) 近接未来：*Tu vas* écrire à Sophie.

> **練習**
> sortir, se dépêcher を命令形に活用させなさい．

🔊 59

直説法現在

devoir		
je **dois**	nous **devons**
tu **dois**	vous **devez**
il **doit**	ils **doivent**

écrire		
j' **écris**	nous **écrivons**
tu **écris**	vous **écrivez**
il **écrit**	ils **écrivent**

Exercices

1 下の【　】の中から適当な動詞を選び，命令形にしてかっこに入れなさい．

【 sortir, se dépêcher, manger, marcher, parler 】

1) (　　　　　) moins fort, sinon ton bébé va se réveiller.
2) Ne (　　　　　) pas trop, sinon tu vas grossir.
3) Ne (　　　　　) pas trop vite, sinon vous allez être fatigué.
4) Ne (　　　　　) pas tous les soirs, sinon ta femme va te quitter.
5) (　　　　　), sinon nous allons être en retard.

2 命令形を使って文を書き換えなさい．

例) Tu dois prendre cette rue à droite.
　　→ Prends cette rue à droite.

1) Vous devez faire du sport plus souvent.
　　→ _____

2) Tu ne dois pas manger ce poisson.
　　→ _____

3) Nous devons finir ce travail avant midi.
　　→ _____

4) Tu peux me passer le sel ?
　　→ _____

3 音声を聞いて文を書き取り，その文に合うものを下の絵の中から選びなさい．　60

1) _____ (　　)
2) _____ (　　)
3) _____ (　　)
4) _____ (　　)

ⓐ　　　ⓑ　　　ⓒ　　　ⓓ

37

未来のことを語る

Dialogue 🔊 61-62

Laurent: Sophie, qu'est-ce que tu penses faire plus tard ?
Sophie: Je terminerai mes études dans deux ans. Ensuite, j'espère aller vivre au Japon pour me perfectionner en japonais. Après, je reviendrai en France pour chercher du travail.
Laurent: Tu ne te marieras pas ?
Sophie: Ça ! on verra…

Grammaire

1 直説法単純未来

terminer 🔊 63

je termine**rai**	nous termine**rons**
tu termine**ras**	vous termine**rez**
il termine**ra**	ils termine**ront**

練習
finir, aller を単純未来形に活用させなさい．

N.B. ・語尾は全ての動詞に共通で，ほぼ avoir の現在形．
・語幹は -er 動詞と -ir 動詞は不定形：écouter → j'*écoute*rai　finir → je *fini*rai
　特殊な語幹を持つ動詞もある．
　　être → je *se*rai　　avoir → j'*au*rai
　　aller → j'*i*rai　　venir → je *viend*rai
　　voir → je *ver*rai　　faire → je *fe*rai　　pouvoir → je *pour*rai, etc.

 1) 未来の行為や出来事：Je *serai* professeur dans deux ans.
2) 2 人称で命令を表す：Tu me *téléphoneras* demain.

直説法現在 🔊 64

espérer		vivre	
j' espère	nous espérons	je vis	nous vivons
tu espères	vous espérez	tu vis	vous vivez
il espère	ils espèrent	il vit	ils vivent

Exercices

1 2つを結んで，適当な文にしなさい．

1) Elle • • serai très content de revoir Marie.

2) Nous • • achètera un joli chapeau pour le mariage de sa sœur.

3) Je • • viendras me voir la semaine prochaine.

4) Tu • • pourrez devenir avocat, si vous travaillez bien.

5) Vous • • partirons pour la France le mois prochain.

2 次の語（句）を使って未来の出来事を述べる文を作りなさい．

例) (Sophie, rentrer chez ses parents, la semaine prochaine)

→ Sophie rentrera chez ses parents la semaine prochaine.

1) (Je, écrire à Laurent, demain)

→ _____

2) (Tu, terminer tes études, l'année prochaine)

→ _____

3) (Paul, se marier, avant trente ans)

→ _____

4) (Nous, aller vivre aux États-Unis, dans trois ans)

→ _____

5) (Vous, être grand-mère, un jour)

→ _____

3 音声を聞いて文を書き取り，その文に合うものを下の絵の中から選びなさい． 🔊 65

1) _____ ( )

2) _____ ( )

3) _____ ( )

4) _____ ( )

39

Leçon 15

過去のことを語る I

Dialogue 🔊 66-67

Mika: Tu as passé de bonnes vacances en Écosse ?
Laurent: Oh oui ! l'Écosse, ça m'a beaucoup plu.
Mika: Qu'est-ce que tu as vu en Écosse ?
Laurent: Le Loch Ness. Malheureusement je n'ai pas pu voir Nessy, mais le pays m'a vraiment séduit. Et toi, qu'est-ce que tu as fait en août ?
Mika: Moi, je suis restée à Paris. C'est très agréable, tu sais, Paris au mois d'août. Il n'y a pas beaucoup de monde… sauf peut-être des Japonais.

Grammaire

1 直説法複合過去 🔊 68

助動詞 (avoir, être) + 過去分詞

voir			
j' ai vu	nous avons vu
tu as vu	vous avez vu
il a vu	ils ont vu
elle a vu	elles ont vu

aller			
je suis allé(e)	nous sommes allé(e)s
tu es allé(e)	vous êtes allé(e)(s)
il est allé	ils sont allés
elle est allée	elles sont allées

- ほとんどの動詞は助動詞に **avoir** をとるが，次に挙げる一部の自動詞と代名動詞は助動詞に **être** をとる：aller, venir, partir, arriver, entrer, sortir, rentrer, monter, descendre, naître, mourir, rester など．
  Je *suis arrivé* hier.　　Je *me suis couché* à minuit.
- 過去分詞：　danser → dansé　　finir → fini　　venir → venu
  　　　　　　être → été　　avoir → eu　　faire → fait
- 助動詞が être の場合，過去分詞は主語の性・数に一致する：Elle *est* sortie.
- 否定文と倒置疑問文：Je *n'ai pas vu* Sophie.　　*Avez*-vous *vu* Sophie ?

用法　1) 過去のある時期に完了した行為を表す．
　　　　　　Je *suis allé* en France cet été.
　　　　2) 過去の行為の結果としての現在の状態を表す．
　　　　　　Elle n'est pas là ; elle *est sortie*.

練習　faire, partir の複合過去形を肯定形と否定形に活用しなさい．

Exercices

1 それぞれの語群を結んで適当な文にしなさい.

1) Ce matin, il y •　　　　• me suis levé de bonne heure.

2) Ils　　　　　•　　　• est restée aux États-Unis pendant 10 ans.

3) Hier, nous　　•　　• a eu un accident entre une voiture et une moto.

4) Elle　　　　　•　　• sont nés le même jour, le 6 mai.

5) Ce matin, je　•　　• avons joué au tennis toute la journée.

2 次の語句を使って過去の出来事を表す文を作りなさい.

例) (Laurent, aller voir un film, hier soir)

　　→ Laurent est allé voir un film hier soir.

1) (Laurent, voyager en Angleterre, l'an dernier)

　　→ _____

2) (Ma mère, venir me voir, la semaine dernière)

　　→ _____

3) (Ses parents, travailler en Bretagne, pendant cinq ans)

　　→ _____

4) (Sophie, partir en vacances, avant-hier)

　　→ _____

5) (Laurent et Sophie, se rencontrer, il y a deux ans)

　　→ _____

3 音声を聞いて文を書き取り，その文に合うものを下の絵の中から選びなさい. 🔊 69

1) _____ (　　)

2) _____ (　　)

3) _____ (　　)

4) _____ (　　)

41

Leçon 16

過去のことを語るⅡ

Dialogue ▶▶▶ 🔊 70-71

Sophie: C'est qui, la jeune fille sur cette photo ?

Laurent: C'est Martine. C'était ma fiancée.

Sophie: Ah bon ! je ne savais pas. Tu l'as connue* quand ?

Laurent: Il y a cinq ans. Nous étions étudiants à l'Université de Lyon. Et puis je suis parti faire un stage aux États-Unis.

Et quand je suis revenu, elle m'avait quitté pour un autre.

Sophie: Pauvre Laurent !

* 過去分詞の一致

Grammaire ▶▶▶▶▶▶▶▶▶▶▶▶▶▶▶▶▶▶▶▶▶▶▶▶▶▶▶▶▶▶▶▶

1 直説法半過去 🔊 72

savoir		
je savais	nous savions	
tu savais	vous saviez	
il savait	ils savaient	

être		
j' étais	nous étions	
tu étais	vous étiez	
il était	ils étaient	

N.B. • 語幹は直説法現在 nous の活用形の語幹と同じ：nous *habit*ons → *habit* ...
• 語尾は全ての動詞に共通.

用法 1) 過去のある時点において進行中の行為や状態を表す.
Il y a trois ans, j'*étais* étudiant, et maintenant je suis médecin.

2) 過去の習慣
L'été, j'*allais* souvent chez mon grand-père.

練習
avoir, habiter を半過去形に活用させなさい.

2 直説法大過去

助動詞 (avoir, être) の半過去 + 過去分詞

quitter → j'*avais quitté*   arriver → j'*étais arrivé*

用法 過去のある時点において既に完了している事実を表す.
Quand je suis arrivé à la gare, le train *était* déjà *parti*.

Exercices

1 次の【　】の中から適当な動詞を選び，半過去形にしてかっこの中に入れなさい．

【 avoir, jouer, habiter, être, aller, faire 】

　　Quand j'(　　　　) petit, j'(　　　　　　) souvent passer mes grandes vacances chez mes grands-parents. Ils (　　　　　) dans une vieille maison à la campagne. Près de la porte, il y (　　　　　) un grand arbre, et sous cet arbre je (　　　　　) à la marchande avec ma cousine.

　　Tous les jours il (　　　　　) très beau et très chaud. Ces souvenirs d'enfance sont inoubliables.

2 それぞれの動詞を指示にしたがって半過去あるいは複合過去に書き換えなさい．

1) Je suis dans ma chambre.　Je regarde la télé.　Le téléphone sonne.　C'est Sophie.
　　（半過去）　　　　　　　　　（半過去）　　　　　　　　（複合過去）（半過去）

_____

2) Elle a 18 ans.　Elle est pauvre.　Un jour, elle rencontre un homme riche.
　　（半過去）　　　（半過去）　　　　　　　　　　（複合過去）
Sa vie change.
　（複合過去）

_____

3) Il fait nuit.　Je rentre à la maison.　Tout à coup, j'entends un cri.　J'ai peur.
　（半過去）　　　（半過去）　　　　　　　　　　　　（複合過去）　　　（複合過去）

_____

3 音声を聞いて文を書き取り，その文に合うものを下の絵の中から選びなさい．　🔊 73

1) _____ (　　)
2) _____ (　　)
3) _____ (　　)
4) _____ (　　)

ⓐ　　　　　ⓑ　　　　　ⓒ　　　　　ⓓ

43

人や物について語る

Dialogue 🔊 74-75

Laurent: Tu as vu « Cyrano de Bergerac » ?
Mika: Non, qu'est-ce que c'est ?
Laurent: C'est un film dont on parle beaucoup en ce moment. Dans ce film, il est génial, Depardieu.
Mika: Depardieu ?
Laurent: Oui, c'est celui qui joue le rôle de Cyrano. Mais tu ne le connais pas ?
Mika: Non, je connais très peu de choses sur le cinéma français.

Grammaire

1 関係代名詞

1) **qui** 先行詞は関係節の主語（人でも物でもよい）.
   C'est un acteur *qui* est très populaire en ce moment en France.

2) **que** 先行詞は関係節の直接補語（人でも物でもよい）.
   J'aime beaucoup le rôle *qu*'il a joué dans ce film.

3) **dont** **de**＋先行詞を受ける.
   C'est une actrice *dont* la mère était aussi actrice.

4) **où** 先行詞は場所または時を表す語.
   Quel est le cinéma *où* on passe « Cyrano de Bergerac » ?
   C'est le jour *où* nous sommes allés au cinéma ensemble.

2 指示代名詞

m.s.	f.s.	m.pl.	f.pl.
celui	celle	ceux	celles

【用法】
1) 性・数によって変化し，関係節や de を先立てた補語によって限定される.
   C'est *celui* qui a joué le rôle de Rodin.
   Ce n'est pas ta place, c'est *celle* de ton voisin.

2) -ci, -là をつけて対立を表すことがある.
   De ces deux actrices, je préfère *celle-ci* à *celle-là*.

Exercices

1 日本語の文になるように，次の語を正しい順に置き換えなさい．

1) (Sylvie, journaliste, un, qui, a, est, frère)　シルヴィには新聞記者をしている弟がいる．

   _____

2) (C', le, j', livre, que, acheté, est, ai, hier)　それは昨日私が買った本です．

   _____

3) (C', la, histoire, fin, est, tragique, une, dont, est)　それは結末が悲劇的な話です．

   _____

4) (C', pays, où, j', aller, est, le, ai, envie, d')　それは私が行きたい国です．

   _____

2 かっこの中に適切な関係代名詞を入れ，文を訳しなさい．

1) Je vous présente mes amis (　　　　) travaillent en Chine.

   _____

2) Je n'aime pas la robe (　　　　) elle porte.

   _____

3) Voici la ville (　　　　) je suis né.

   _____

4) C'est le livre (　　　　) je t'ai parlé.

   _____

3 音声を聞いて文を書き取り，その文に合うものを下の絵の中から選びなさい．　🔊 76

1) _____ (　　)
2) _____ (　　)
3) _____ (　　)
4) _____ (　　)

ⓐ　ⓑ　ⓒ　ⓓ

45

Civilisation 4

フランス映画
LE CINÉMA FRANÇAIS

映画は 1895 年，フランス人のリュミエール兄弟の発明により誕生した．制作本数，観客動員数ともフランスはヨーロッパでトップクラスの映画大国．映画は文化の重要な担い手としてフランス人の生活に溶け込んでいる．

Un cinéma des Champs-Élysées
（シャンゼリゼ通りにある映画館）

数字で見るフランス映画

フランスもテレビ，DVD，インターネットによる配信サービスの普及によって，映画館よりも家庭で映画を観る人の方がはるかに多くなった．それでも映画館や観客動員数は，コロナ禍で一時激減したとはいえ，2021 年以降は増えている．ヨーロッパではまれな例だ．
- 2023 年の観客動員数は 1 億 8100 万人（日本 1 億 5554 万人）．
- 入場料金は大手シネコンで 15 ユーロ前後．だが種々の割引制度や映画館のサブスク（サブスクリプション・定額見放題制度）などを使い，平均では 7.2 ユーロとなっている（2023 年）．
- フランス人は平均して年 2.35 回映画を観にいく（日本は 1.21 回）（2022 年）．

（統計は *Francoscopie* を参照）

La Cinémathèque Française
（シネマテーク・フランセーズ）

パリ 12 区，ベルシー地区にある映画博物館．4 万本以上の映画と，ポスター，衣装など映画に関する資料を保存，展示している．また上映ホールがあり，古今東西の名画を特集して上映している．

Le Festival de Cannes
（カンヌ映画祭）

毎年 5 月に南仏の都市カンヌで開催される国際映画祭．ベルリン国際映画祭，ベネチア国際映画祭と並び，世界 3 大映画祭の一つに数えられる．様々な部門で審査が行われるが，中心は「コンペティション部門」．最高賞はパルムドールと呼ばれ，受賞すれば大きな名誉となる．

セザール賞最優秀作品賞受賞作（2015年-2024年）

2015 「禁じられた歌声 TIMBUKTU」（監督：アブデラマン・シサコ）
2016 「FATIMA」日本未公開
2017 「エル ELLE」（監督：ポール・ヴァーホーヴェン）
2018 「BPMビート・パー・ミニット 120 battements par minute」
　　　（監督：ロバン・カンピヨ）
2019 「ジュリアン Jusqu'à la garde」（監督：グザヴィエ・ルグラン）
2020 「レ・ミゼラブル Les misérables」（監督：ラジ・リ）
2021 「Adieu les cons」日本未公開
2022 「幻滅 Illusions perdues」（監督：グザヴィエ・ジャノリ）
2023 「12日の殺人 La nuit du 12」（監督：ドミニック・モル）
2024 「落下の解剖学 Anatomie d'une chute」（監督：ジュスティーヌ・トリエ）

N.B. セザール賞：フランス映画に与えられるフランスで最も権威のある映画賞．
　　米国のアカデミー賞にならって1976年に制定された．

オールタイム●おすすめフランス映画

・「死刑台のエレベーター L'ascenseur pour l'échafaud」1958年（監督：ルイ・マル）
　不倫の愛と意外な展開．マイルス・デイビスのトランペットが流れる，スタイリッシュなサスペンス映画の傑作．

・「勝手にしやがれ À bout de souffle」1960年（監督：ジャン＝リュック・ゴダール）
　ヌーヴェルバーグの記念碑的作品．即興演出，手持ちカメラによる街頭撮影など，映画制作に革命的方法を持ち込んだ．

・「ファンタスティック・プラネット Planète sauvage」1973年（監督：ルネ・ラルー）
　ダリのような不思議な絵とストーリー展開．日本のアニメとは一味違うフレンチアニメの傑作．時空を超えたモダンな感性．

・「海辺のポーリーヌ Pauline à la plage」1983年（監督：エリック・ロメール）
　16才の少女ポーリーヌが大人たちと過ごすひと夏のバカンス．少女の人間観察はとても鋭い．聴き取りやすいセリフ回し．

・「シラノ・ド・ベルジュラック Cyrano de Bergerac」1990年（監督：ジャン＝ポール・ラプノー）
　エドモン・ロスタンの同名戯曲の映画化．美しい従妹ロクサーヌに，醜男ゆえ想いを打ち明けられないシラノ．韻文のセリフが美しい．

・「レオン Léon」1994年（監督：リュック・ベッソン）
　孤独な殺し屋（ジャン・レノ）と家族を殺された少女（ナタリー・ポートマン）の交流を描く．衝撃と感動のラスト．

・「アメリ Le fabuleux destin d'Amélie Poulain」2001年（監督：ジャン＝ピエール・ジュネ）
　デリケートで，外の世界に一歩を踏み出せないでいるアメリ．画面に映る世界のすべてがおしゃれな映画．

・「最強の二人 Intouchables」2012年（監督：エリック・トレダノ，オリヴィエ・ナカシュ）
　肢体不自由となった富豪と，介護人となった移民出身の貧しい若者．そっけなく始まった二人の交流の深まりをコミカルに描く．

■ 47

Leçon 18

比較する

Dialogue 77-78

Sophie: Comment trouves-tu Michel ?

Mika: C'est le plus beau garçon de notre groupe, mais je préfère Bernard. Il est plus gentil et plus sympathique que Michel. Tu ne trouves pas ?

Sophie: Si. En plus, Bernard est très intelligent. Pour moi, l'aspect moral compte plus que l'aspect physique.

Mika: Je suis tout à fait d'accord avec toi.

Grammaire

1 比較級

```
plus
aussi   + 形容詞, 副詞 + que
moins
```

Bernard est *plus intelligent que* Michel.
Chantal est *aussi belle que* Marion.
Bernard parle *moins vite que* toi.

2 最上級

```
定冠詞 (le, la, les) +  plus   + 形容詞 + de        le plus   + 副詞 + de
                       moins                      le moins
```

Bernard est *le plus doué de* la classe.
C'est Chantal qui est *la moins studieuse de* la famille.
C'est Michel qui rentre *le plus tard de* nous trois.

> N.B. • c'est ... qui 〜 「〜なのは…である」主語の強調構文.
> • bon の比較級，最上級はそれぞれ，meilleur(e)(s), le (la) (les) meilleur(e)(s)
>   Le vin français est *meilleur que* le vin japonais.
> • bien の比較級，最上級はそれぞれ，mieux, le mieux
>   C'est Marion qui chante *le mieux de* la classe.

48

Exercices

1 それぞれの語群を結んで最も適当な文にしなさい．

1) Tokyo est • • le monument le plus célèbre de Paris.
2) La tour Eiffel est • • la plus haute montagne d'Europe.
3) La Loire est • • le train le plus rapide du monde.
4) Le mont Blanc est • • la plus grande ville du Japon.
5) Le TGV est • • le plus long fleuve de France.

2 かっこの中の語を（必要なら適当に変化させた上で）用い，比較級の文を作りなさい．

例) Nous sommes huit, vous êtes quatre.（nombreux）
→ Nous sommes plus nombreux que vous.

1) Marie a vingt ans, Sophie a dix-huit ans.（âgé）
→ _____

2) Ce pantalon coûte 100 euros, cette veste coûte 200 euros.（cher）
→ _____

3) Ce café-ci est délicieux, ce café-là n'est pas très bon.（bon）
→ _____

4) Paul va au Japon 10 fois par an, Michel aussi.（souvent）
→ _____

5) Anne parle bien l'anglais, Sylvie parle mal l'anglais.（bien）
→ _____

3 音声を聞いて文を書き取り，その文に合うものを下の絵の中から選びなさい． 79

1) _____ (   )
2) _____ (   )
3) _____ (   )
4) _____ (   )

ⓐ Paul Michel　ⓑ 400 / 400　ⓒ Chantal Sylvie　ⓓ ROMANÉE-CONTI

49

Leçon 19

受け身の形を使う

Dialogue 🔊 80-81

Laurent: Qu'est-ce que tu as, Sophie ?
　　　　　Tu as l'air bouleversée.
Sophie: Tout à l'heure, j'ai assisté à un accident terrible.
　　　　　En allant à la fac, j'ai vu passer devant la gare un camion roulant à toute vitesse. Et un passant a été renversé par ce camion.
Laurent: Il a été blessé ?
Sophie: Naturellement. Il y avait du sang partout !
Laurent: Allez, n'y pense plus !

Grammaire

1 受動態

助動詞 être + 過去分詞 + (par [de] + 動作主)

　Il *est soigné par* sa sœur.　　Il *est aimé de* tout le monde.

　N.B. 過去分詞は主語の性・数に一致する：La porte est fermé*e*.
　　　　複合過去は助動詞 être の複合過去 + 過去分詞：Il *a été blessé*.

2 現在分詞

直説法現在 1 人称複数形の語幹 + ant

　nous *roulons* → *roulant*

　用法　形容詞的に名詞を修飾する.
　　　　Voilà un camion *roulant* à toute vitesse. (= qui roule)

3 ジェロンディフ

en + 現在分詞

練習
arriver, prendre, mettre を
ジェロンディフにしなさい.

　用法　副詞的に主節の動詞を修飾し，同時性，対立，条件などを表わす.
　　　　En traversant le parc, j'ai rencontré Laurent.

Exercices

1 日本語の文になるように，次の語を正しい順に並べ換えなさい．

1) (Je, à, suis, par, dîner, invité, Laurent)　　私はロランに夕食に招かれている．

　_____

2) (Il, respecté, n', pas, de, fils, est, son)　　彼は自分の息子に尊敬されていない．

　_____

3) (J', par, séduit, sourire, ai, son, été)　　僕は彼女の微笑みに魅せられた．

　_____

4) (Cet, Laurent, a, article, écrit, été, par)　　この記事はローランによって書かれた．

　_____

2 かっこを埋めて能動態の文を受動態の文に書き換えなさい．

1) Les jeux vidéo passionnent les enfants.

　→ Les enfants (　　　　　　　　) par les jeux vidéo.

2) Deux jeunes voyous ont attaqué une femme dans le métro.

　→ Une femme (　　　　　　　　) dans le métro par deux jeunes voyous.

3) La police a interrogé la concierge.

　→ La concierge (　　　　　　　　) par la police.

4) Le Président de la République va prononcer un discours.

　→ Un discours (　　　　　　　　) par le Président de la République.

3 音声を聞いて文を書き取り，その文に合うものを下の絵の中から選びなさい． 82

1) _____ (　　)
2) _____ (　　)
3) _____ (　　)
4) _____ (　　)

ⓐ　　ⓑ　　ⓒ　　ⓓ

51

Leçon 20

仮定する

Dialogue 🔊 83-84

Mika: Qu'est-ce que tu as, Laurent ?
Laurent: Sophie m'a quitté. Je ne comprends pas pourquoi.
Mika: Parce que tu la négligeais.
Si tu avais été plus attentif, elle ne t'aurait pas quitté.
Laurent: Tu as peut-être raison.
J'aimerais bien me réconcilier avec elle.
Et si elle revenait, je serais plus gentil avec elle.
Mika: Avec le temps, ça s'arrangera peut-être.

Grammaire

1 条件法現在 🔊 85

aimer

j'	aimer**ais**	nous	aimer**ions**
tu	aimer**ais**	vous	aimer**iez**
il	aimer**ait**	ils	aimer**aient**

【練習】être, avoir, vouloir を条件法現在形に活用させなさい．

N.B. ・語幹は単純未来と同じ： j'*aimer*ai → j'*aimer*ais
・語尾は直説法半過去の語尾： j'aim*ais* → j'aimer*ais*

【用法】
1) 現在，または未来の事実に反する仮定：**Si + 直説法半過去，条件法現在**
　　S'il me *négligeait*, je le *quitterais*.
2) 語気緩和，丁寧な言い方
　　Je *voudrais* me marier avec Sophie.

2 条件法過去

助動詞（avoir, être）の条件法現在 + 過去分詞

　j'*aurais aimé*　　je *serais parti*

【用法】過去の事実に反する仮定：**Si + 直説法大過去，条件法過去**
　　Si j'*avais été* plus gentil, elle ne m'*aurait* pas *quitté*.

>>> **Exercices** ▶▶▶▶▶▶▶▶▶▶▶▶▶▶▶▶▶▶▶▶▶▶▶▶▶▶▶▶▶▶▶▶▶▶▶▶

1 それぞれの語群を結んで最も適当な文にしなさい.

1) S'il faisait plus chaud, nous • • ferais le tour du monde en bateau.

2) Si j'étais riche, je • • aurais rencontré Anne.

3) Si tu étais venu chez moi, tu • • auriez manqué l'autobus.

4) Si elle m'épousait, elle • • irions nous baigner.

5) Si vous étiez parti plus tard, vous • • ne serait jamais malheureuse.

2 A 群と B 群を適当に組合せ, 「もし～なら, ～だろうに」という仮定を表す文を作りなさい.

A 群
- je suis riche
- je vis à Paris
- je parle bien français
- j'ai le temps
- il neige

B 群
- j'achète une maison
- je fais du ski
- j'apprends l'italien
- je pars tout seul en France
- je vais souvent voir des expositions

例) Si j'étais riche, j'achèterais une maison.

_____

_____

_____

_____

3 音声を聞いて文を書き取り, その文に合うものを下の絵の中から選びなさい.   🔊 86

1) _____ (   )

2) _____ (   )

3) _____ (   )

4) _____ (   )

Leçon 21

感情を表現する

Dialogue 🔊 87-88

Sophie: Je suis triste que tu rentres au Japon.

Mika: Moi aussi. Je vous remercie pour tout ce que vous avez fait pour moi pendant mon séjour en France. Et je suis très contente que vous vous soyez réconciliés.

Laurent: J'aimerais que tu reviennes en France.

Mika: Bien sûr que je reviendrai. Et moi, je souhaite que vous veniez tous les deux au Japon.

Sophie: Alors, au revoir Mika, bon voyage ! A bientôt, j'espère.

Grammaire

1 接続法現在 🔊 89

rentrer

que je rentre	que nous rentrions
que tu rentres	que vous rentriez
qu' il rentre	qu' ils rentrent

N.B. 語幹は直説法現在 3 人称複数形の語幹 ils *part*ent → que je *part*e
ただし例外もある être → je *sois*　avoir → j'*aie*　pouvoir → je *puisse*　faire → je *fasse*

【用法】
1) 主節が感情，願望，義務などを表すとき，その従属節で.
   Je *suis content que* tu *ailles* en France.
   Je *souhaite que* tu *réussisses* à ton examen.
   Il *faut que* vous *veniez* me voir.

【練習】venir, finir を接続法現在形に活用させなさい．

2) croire など判断を表す動詞が否定形または疑問形に置かれたとき，その従属節で．
   Je *ne crois pas qu*'il *soit* malade.

3) 目的，譲歩などを表す接続詞句の後で．
   Dépêchons-nous *pour que* nous *puissions* arriver à temps.
   Il travaille encore *bien qu*'il *soit* très fatigué.

2 接続法過去

助動詞 (avoir, être) の接続法現在 + 過去分詞

Je suis triste qu'elle *soit rentrée* au Japon.

Exercices

1 それぞれの語群を結んで最も適当な文にしなさい．

1) Je voudrais qu'ils • • réussisse à son examen.
2) Je regrette qu'il ne • • ailles seul en France.
3) Je ne crois pas qu'elle • • puisse pas venir me voir.
4) Je suis jaloux que vous • • fassent ce travail tout de suite.
5) Il est préférable que tu • • ayez une femme si belle.

2 A 群と B 群を適当に組合せ，接続法を用いて文を作りなさい．

A 群
- Je suis triste
- Il faut
- J'aimerais
- Je suis contente
- Il est dommage

B 群
- mon petit chat est mort
- cette jupe me va bien
- vous dites la vérité
- nous ne pouvons pas visiter ce château.
- il vient me chercher à l'aéroport.

例) Je suis triste que mon petit chat soit mort.

3 音声を聞いて文を書き取り，その文に合うものを下の絵の中から選びなさい． 🔊 90

1) _____ ( )
2) _____ (　)
3) _____ (　)
4) _____ (　)

ⓐ　ⓑ　ⓒ　ⓓ

Civilisation 5

パリの新しい顔
LE NOUVEAU VISAGE DE PARIS

♥ 自動車の CO_2 排出量を抑えてパリの空気を清浄にというのはパリ市の悲願．最近のパリはあちこちにこのような**自転車専用レーン**が設けられるようになった．自動車レーンと同じくらいの幅広いレーンに驚かされる．

♥ パリの通りでは労働者，教員，医師・看護師，警察，はては年金生活者まで，あらゆる団体の抗議活動が行われる．しばしば日常生活に支障をきたす**デモ (manifestation)** やストライキだが，一般市民の間では，それは彼らの権利なのだから仕方ないという容認の声が少なくない．

♥ 毎年5月に行われる「**Foire de Paris 国際見本市**」．10日あまりの期間中，来場者は約60万人にのぼる．衣食住に関わるあらゆる物品が国際色豊かに展示されるが，人気はフランス各地の食材を展示するコーナー．巨大なチーズはインパクト十分．

♥ 最近若者に人気のあるのが電動キックボード「**trotinette トロティネット**」．「vélib ヴェリヴ」というレンタル自転車がエコな乗り物として定着しているが，トロティネットも新しいエコな交通手段として注目されている．ただ運転者にも歩行者にも危いので，スピード制限などの規制の動きがある．

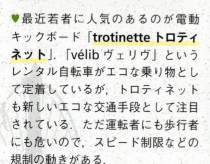

♥ パリを訪れる旅行者が一様に嘆くのがトイレの不便さ．大きなデパートに**トイレ**が一つしかなかったり，駅にはあっても有料だったり，通りにあるサニゼット（無料トイレ）はしばしば不潔で壊れていたり．パリ市も改善しようとしているようだが．

♥ 毎年5月下旬にパリで行われる**LGBTQ のパレード**《**Marche des fiertés マルシュ・デ・フィエルテ**》．性的マイノリティーの権利を訴えるこのパレードには約50万人もの参加者が集う．レインボーカラーの旗が振られ，何台もの山車が街を練り歩く．

♥ フランスでは夏と冬，毎年6月末と1月初旬からの約1ヶ月間，**soldes（バーゲンセール）**が行われる．開始日は毎年異なり，全国一斉にスタートする．値引率は期間中に30％，50％，70％などと上がっていく．どのタイミングで買うか思案のしどころ．

♥ フランスは **bio ビオ（有機栽培）**製品に対する意識が高い．野菜，果物はもとより，ワイン，ジュース，卵，乳製品，パンなどの食品のほか，石鹸，洗剤，トイレットペーパー，化粧品などにもbio製品がある．値段は少し高いが，健康志向の高まりで購入者が増えている．

♥ 2002年にパリ市長の提唱で始まった「**Paris-Plages パリ・プラージュ**」は，夏の約1ヶ月間セーヌ河畔に人工ビーチを設置し，バカンスに出かけられないパリジャンにバカンス気分を味わってもらおうという試み．期間中，セーヌ河畔の自動車の通行規制をすることもあって，エコな試みとしても人気が高い．

♥ セーヌ川にかかるポン・ヌフ（セーヌ川にかかる最古の橋）のたもとにあるデパート「**Samaritaine サマリテーヌ**」は1870年創業の老舗デパート．老朽化が進んで長い間閉鎖されていたが，16年間の改修工事を経て復活．アール・ヌーヴォー様式の「ポン・ヌフ館」が美しい．

♥ 13区のベルシー地区は最近急速に開発が進み，特に19世紀にワイン倉庫が並んでいた界隈が **Bercy-village（ベルシー・ヴィラージュ）**と呼ばれるショッピング街に生まれ変わった．古い煉瓦造りの建物がおしゃれなブティックやカフェに変わって，地元の人や観光客で賑わいを見せている．

♥ 2000年に始まったパリの **Japan Expo（ジャパン・エキスポ）**はヨーロッパ最大の「日本文化の祭典」．毎年7月初旬にパリ郊外で開催され，コスプレをした25万人をこえる若者が集結する．漫画・アニメ，音楽・ファッション，茶道・空手などあらゆる日本文化が紹介されるが，最近は onigiri, yakisoba, ramen など，日本の食文化への関心が高い．

 さらに新しいパリに関心がおありの方は，著者自身によるこちらのブログをご覧ください．
http://paris03.blog.fc2.com

仏検 5 級　模擬試験問題　(Leçon1 〜 Leçon10)

1　次の (1) 〜 (5) の (　　) 内に入れるのにもっとも適切なものを、それぞれ ① 〜 ③ のなかから 1 つずつ選びなさい。

(1) Nous avons (　　) gros chien.

　① des　　② un　　③ une

(2) Je choisis (　　) pantalon vert.

　① ce　　② cet　　③ cette

(3) Vous mettez (　　) lait dans votre café ?

　① de　　② des　　③ du

(4) Il n'aime pas (　　) vin blanc.

　① la　　② le　　③ les

(5) Quelle est (　　) adresse mail ?

　① ta　　② tes　　③ ton

58

2 次の (1) ～ (5) の (   ) 内に入れるのにもっとも適切なものを、それぞれ ① ～ ③ のなか
から 1 つずつ選びなさい。

(1) Quand (   )-tu en vacances ?

    ① pars   ② part   ③ partez

(2) Nous (   ) le travail à 18 h.

    ① finis   ② finit   ③ finissons

(3) Mon frère et ma sœur (   ) à Paris.

    ① habite   ② habitent   ③ habitons

(4) À qui (   )-vous cette lettre ?

    ① écris   ② écrivez   ③ écrivent

(5) Ils ne (   ) pas souvent leurs parents.

    ① voient   ② voit   ③ voyez

Appendice

仏検模擬問題集

3 例にならい、次の (1) ～ (4) において、それぞれ① ～ ③をすべて用いて、あたえられた日本語に対応する文を完成したときに、(   ) 内に入るのはどれですか。① ～ ③のなかから 1 つずつ選びなさい。なお文頭にくるものも小文字にしてあります。

例： 今日は仕事へ行きませんか？

      Vous n'_____ (_____) _____ travail aujourd'hui ?

      ① au   ② allez   ③ pas

      Vous n'_allez_ (_pas_) _au_ travail aujourd'hui ?
           ②   ③   ①

となり、②③①の順なので、(   ) 内に入るのは③。

(1) あなたのお父さんはどんな仕事をしていますか ？

      _____ (_____) _____ votre père ?

      ① travail   ② quel   ③ fait

(2) 子供たちは学校から帰ったところです。

      Les enfants _____ (_____) _____ de l'école.

      ① rentrer   ② de   ③ viennent

(3) 12 時 15 分です。

      Il est _____ (_____) _____.

      ① et   ② quart   ③ midi

(4) 彼らはきれいなアパルトマンに住んでいます。

      Ils habitent dans _____ (_____) _____.

      ① bel   ② appartement   ③ un

4 次の (1) ～ (4) に対する応答として適切なものを、それぞれ ①、② から選びなさい。

(1) À quelle heure dois-je finir ce travail ?

① Il est bientôt six heures.
② À six heures et demie.

(2) Comment allez-vous au bureau ?

① En train.
② Très bien, merci.

(3) Ils viennent souvent chez vous ?

① Oui, assez souvent.
② Oui, avec plaisir.

(4) Jean et Sophie ont des enfants ?

① Non, pas d'enfants.
② Oui, un frère et une sœur.

5 次の (1) ～ (4) において、日本語で示した**特徴を持たない語**を、それぞれ ① ～ ③ のなかから 1 つずつ選びなさい。

(1) 食べ物
① viande   ② chapeau   ③ beurre

(2) 好みを表す動詞
① adorer   ② aimer   ③ habiter

(3) 文房具
① montre   ② crayon   ③ cahier

(4) 人の性格
① gentil   ② jaloux   ③ marié

■ 61

Appendice

仏検模擬問題集

6 次の会話を読み、(1) ～ (4) に入れるのにもっとも適切なものを、それぞれ ① ～ ③ のなかから
1 つずつ選びなさい。

 Anne : (　1　) pars-tu pour la France, Hugo ?

Hugo : Dans une semaine.

 Anne : Et tu vas (　2　) dans quelle ville ?

Hugo : À Paris, chez un ami.

 Anne : C'est (　3　) quelle gare ?

Hugo : La gare Montparnasse.

 Anne : Ah, (　4　) beaucoup de cinémas et de cafés dans ce quartier.

　　　　Tu as de la chance !

(1) 　(　　) 　① Quand 　　　② Comment 　　　③ Où

(2) 　(　　) 　① rentrer 　　　② habiter 　　　③ partir

(3) 　(　　) 　① près de 　　　② chez 　　　③ dans

(4) 　(　　) 　① ils sont 　　　② ce sont 　　　③ il y a

仏検 4 級　模擬試験問題　(Leçon11 〜 Leçon21)

1 次の (1) 〜 (4) の (　　　) 内に入れるのにもっとも適切なものを、下の ① 〜 ⑥ のなかから 1 つずつ選びなさい。ただし、同じものを複数回用いることはできません。

(1) Il fait (　　　) temps magnifique.

(2) Je n'ai pas (　　　) temps de déjeuner.

(3) Tu mets trop (　　　) sucre dans ton café.

(4) Le week-end, nous partons souvent (　　　) la campagne.

　　　① à　　　② de　　　③ de la　　　④ un　　　⑤ les　　　⑥ le

2 次の対話 (1) 〜 (5) の (　　　) 内に入れるのにもっとも適切なものを、それぞれ ① 〜 ③ のなかから 1 つずつ選びなさい。

(1) A-t-il répondu à ton mail ?

　　— Non, il n' (　　　) a pas encore répondu.

　　　① en　　　② eux　　　③ y

(2) Avez-vous vu le film dont tout le monde parle ?

　　— Oui, je (　　　) ai vu hier.

　　　① l'　　　② le　　　③ lui

(3) As-tu annoncé la bonne nouvelle à tes parents ?

　　— Oui, je la (　　　) ai annoncé hier soir.

　　　① les　　　② leur　　　③ lui

(4) Quel vin me conseillez-vous ?

　　— (　　　)-ci, Madame. Il ira bien avec la viande.

　　　① Celle　　　② Celui　　　③ Ceux

(5) Que prendrez-vous comme boisson ?

　　— Moi, je prendrai un thé, et (　　　), il prendra un café.

　　　① le　　　② lui　　　③ celui

■ 63

Appendice
仏検模擬問題集

3 　次の (1) ～ (4) の **A** と **B** の対話を完成させてください。**B** の下線部に入れるのにもっとも適切なものを、それぞれ ① ～ ③ のなかから 1 つずつ選びなさい。

(1)　**A** : Un cappuccino, s'il vous plaît.

　　B : _____

　　A : D'accord, je prendrai un thé alors.

　　　　① Désolé, la machine à café est en panne.

　　　　② Voulez-vous essayer notre chocolat chaud ?

　　　　③ Un café au lait, peut-être ?

(2)　**A** : Je souhaite réserver une table pour ce soir.

　　B : _____

　　A : D'accord, réservons pour demain alors.

　　　　① Pour combien de personnes ?

　　　　② Désolé, ce soir nous sommes complets.

　　　　③ Oui, nous avons des places.

(3)　**A** : Comment était le dîner hier soir ?

　　B : _____

　　A : Quel était le dessert ?

　　　　① Le dessert était une tarte aux pommes.

　　　　② Nous avons eu une mousse au chocolat.

　　　　③ C'était délicieux. Surtout le dessert.

(4)　**A** : Je voudrais commander le plat du jour.

　　B : _____

　　A : Alors, je le prends.

　　　　① Vous aimez la viande ?

　　　　② Aujourd'hui, c'est le steak frites.

　　　　③ Désolé, il n'y en a plus.

4 次の日本語の文 (1) 〜 (5) の下には、それぞれ対応するフランス語の文が記されています。（　　　）内に入れるのにもっとも適切なものを、それぞれ ① 〜 ③ のなかから 1 つずつ選びなさい。

(1) 彼女はパリの歴史に大変興味を持っています。

Elle (　　　) beaucoup à l'histoire de Paris.

① t'intéresse　　② s'intéresse　　③ m'intéresse

(2) 子供の頃、休暇をよく海辺で過ごしていました。

Quand j'étais petit, je (　　　) souvent mes vacances au bord de la mer.

① passais　　② passerai　　③ passerais

(3) ソフィー、私なしで仕事を始めて！

Sophie, (　　　) le travail sans moi !

① commences　　② commence　　③ commençons

(4) 大学を卒業したとき、私は 21 歳でした。

J'avais 21 ans quand je (　　　) de l'université.

① sortirai　　② sortais　　③ suis sorti

(5) 彼はできるだけ早くあなたに連絡します。

Il vous (　　　) dès que possible.

① contactera　　② contactait　　③ a contacté

■ 65

Appendice

仏検模擬問題集

5 次の (1) 〜 (5) において、それぞれ ① 〜 ④ をすべて用いて文を完成したときに、(　　　　　) 内に入るのはどれですか。① 〜 ④ のなかから 1 つずつ選びなさい。

(1) Nous ＿＿＿＿ ＿＿＿＿ (＿＿＿＿) ＿＿＿＿ en famille.

    ① en   ② partir   ③ allons   ④ vacances

(2) Sophie ＿＿＿＿ ＿＿＿＿ (＿＿＿＿) ＿＿＿＿ le dîner.

    ① a   ② lui   ③ après   ④ téléphoné

(3) Pour la santé, ＿＿＿＿ ＿＿＿＿ (＿＿＿＿) ＿＿＿＿ manger des fruits.

    ① de   ② c'   ③ important   ④ est

(4) Vous ＿＿＿＿ ＿＿＿＿ (＿＿＿＿) ＿＿＿＿ après chaque repas ?

    ① les   ② brossez   ③ vous   ④ dents

(5) Elle ＿＿＿＿ ＿＿＿＿ (＿＿＿＿) ＿＿＿＿ sa sœur.

    ① aussi   ② que   ③ bien   ④ travaille

6 次の (1) 〜 (4) の (　　　　　) 内に入れるのにもっとも適切なものを、それぞれ ① 〜 ③ のなかから 1 つずつ選びなさい。

(1) Quels sont vos plans (　　　　) le week-end ?

    ① par   ② dans   ③ pour

(2) (　　　　) quoi avez-vous parlé pendant la réunion ?

    ① De   ② À   ③ Avec

(3) Il vient d'écrire un livre (　　　　) le cinéma français .

    ① par   ② sur   ③ pour

(4) Pouvez-vous me répondre (　　　　) la fin du mois ?

    ① avant   ② par   ③ pendant

7 次の会話を読み、下の (1) 〜 (6) について、会話の内容に一致する場合 (   ) 内に○を、一致しない場合は×を入れなさい。

Sophie : Tu n'utilises plus ton vélo électrique pour venir au travail ?

Michel : Non, plus du tout.

Sophie : Tu n'aimes plus ton vélo électrique ?

Michel : Si, au contraire.

Sophie : Alors, pourquoi ?

Michel : C'est parce que je veux marcher pour rester en forme.

Sophie : Marcher ? C'est une bonne idée.

Michel : Oui, c'est mieux pour ma santé.

Sophie : Et tu marches combien de temps ?

Michel : Environ 30 minutes par jour.

(1) (   ) ミシェルは仕事に行くのにもう電動自転車を使わない。

(2) (   ) ミシェルは電動自転車が好きではない。

(3) (   ) ミシェルは車を買いたいと思っている。

(4) (   ) ミシェルは健康のために歩きたいと思っている。

(5) (   ) ソフィーは歩くのが好きだと言っている。

(6) (   ) ミシェルは一日約 30 分歩く。

Appendice
テーマ別単語ノート

■ 国
- ☐ アメリカ合衆国 les États-Unis
- ☐ イギリス l'Angleterre
- ☐ ドイツ l'Allemagne
- ☐ フランス la France
- ☐ イタリア l'Italie
- ☐ スペイン l'Espagne
- ☐ カナダ le Canada
- ☐ 日本 le Japon
- ☐ 中国 la Chine
- ☐ 韓国 la Corée

■ 国籍
- ☐ アメリカ人 un Américain / une Américaine
- ☐ イギリス人 un Anglais / une Anglaise
- ☐ ドイツ人 un Allemand / une Allemande
- ☐ フランス人 un Français / une Française
- ☐ イタリア人 un Italien / une Italienne
- ☐ スペイン人 un Espagnol / une Espagnole
- ☐ カナダ人 un Canadien / une Canadienne
- ☐ 日本人 un Japonais / une Japonaise
- ☐ 中国人 un Chinois / une Chinoise
- ☐ 韓国人 un Coréen / une Coréenne

■ 家族
- ☐ 父 le père
- ☐ 母 la mère
- ☐ 両親 les parents
- ☐ 兄弟 le frère
- ☐ 姉妹 la sœur
- ☐ 息子 le fils
- ☐ 娘 la fille
- ☐ おじ l'oncle
- ☐ おば la tante
- ☐ 従兄弟 le cousin
- ☐ 従姉妹 la cousine

■ 人の成長
- ☐ 赤ちゃん un bébé
- ☐ 子供 un(e) enfant

- ☐ 男の子 un garçon
- ☐ 女の子 une fille
- ☐ 男性 un homme
- ☐ 女性 une femme

■ 身体
- ☐ 目 l'oeil / les yeux
- ☐ 鼻 le nez
- ☐ 口 la bouche
- ☐ 歯 la dent
- ☐ 頭 la tête
- ☐ 顔 le visage
- ☐ 髪 les cheveux
- ☐ 手 la main
- ☐ 腕 le bras
- ☐ 肩 l'épaule
- ☐ 胸 la poitrine
- ☐ 腹 le ventre
- ☐ 背中 le dos
- ☐ 足 le pied
- ☐ 脚 la jambe

■ 職業
- ☐ 学生 un étudiant / une étudiante
- ☐ 高校生 un lycéen / une lycéenne
- ☐ 教師（中学以上） un professeur
- ☐ 会社員 un employé / une employée
- ☐ 店員 un vendeur / une vendeuse
- ☐ 秘書 un (une) secrétaire
- ☐ コック un cuisinier / une cuisinière
- ☐ 美容師 un coiffeur / une coiffeuse
- ☐ 俳優 un acteur / une actrice
- ☐ 歌手 un chanteur / une chanteuse
- ☐ 医者 un médecin
- ☐ 弁護士 un avocat / une avocate
- ☐ 作家 un écrivain
- ☐ ジャーナリスト un (une) journaliste

■ 人の性格・外見
- ☐ 若い jeune

- ☐ 年とった vieux / vieil / vieille, âgé(e)
- ☐ 背の高い grand(e)
- ☐ 背の低い petit(e)
- ☐ 太った gros / grosse
- ☐ スリムな mince
- ☐ かわいい joli(e)
- ☐ 美しい beau / bel / belle
- ☐ 親切な gentil / gentille
- ☐ 感じのいい sympathique
- ☐ 知的な intelligent(e)
- ☐ 積極的な actif / active
- ☐ 意地悪な méchant(e)
- ☐ 嫉妬深い jaloux / jalouse

■ 感情
- ☐ うれしい content(e)
- ☐ 幸せな heureux / heureuse
- ☐ 悲しい triste
- ☐ 怒った fâché(e)
- ☐ 驚いた surpris(e)
- ☐ 疲れた fatigué(e)
- ☐ 恋している amoureux / amoureuse

■ 衣服
- ☐ ワイシャツ la chemise
- ☐ ネクタイ la cravate
- ☐ スカート la jupe
- ☐ ズボン le pantalon
- ☐ コート le manteau
- ☐ メガネ les lunettes
- ☐ 靴 les chaussures
- ☐ 帽子 le chapeau

■ 持ちもの
- ☐ パスポート le passeport
- ☐ お金 l'argent
- ☐ クレジットカード la carte de crédit
- ☐ スマートフォン le smartphone
- ☐ バッグ le sac
- ☐ 携帯電話 le téléphone portable

- ☐ カメラ l'appareil-photo
- ☐ 財布 le portefeuille
- ☐ 腕時計 la montre
- ☐ キー la clé (clef)
- ☐ ノート le cahier
- ☐ ペン le stylo
- ☐ 辞書 le dictionnaire
- ☐ 本 le livre

■ 色
- ☐ 赤い rouge
- ☐ 青い bleu(e)
- ☐ 黄色い jaune
- ☐ 黒い noir(e)
- ☐ 白い blanc / blanche
- ☐ オレンジ色の orange
- ☐ 茶色の marron
- ☐ 緑の vert(e)
- ☐ 灰色の gris(e)

■ 食品
- ☐ 水 l'eau
- ☐ 牛乳 le lait
- ☐ コーヒー le café
- ☐ 紅茶 le thé
- ☐ ジュース le jus de fruit
- ☐ ビール la bière
- ☐ ワイン le vin
- ☐ パン le pain
- ☐ バター le beurre
- ☐ ジャム la confiture
- ☐ 肉 la viande
- ☐ 魚 le poisson
- ☐ 卵 l'œuf
- ☐ 塩 le sel
- ☐ 砂糖 le sucre
- ☐ じゃがいも la pomme de terre
- ☐ トマト la tomate
- ☐ 玉ねぎ l'oignon
- ☐ にんじん la carotte

Appendice

- ☐ りんご　la pomme
- ☐ オレンジ　l'orange
- ☐ モモ　la pêche
- ☐ イチゴ　la fraise

■ 食器
- ☐ ナイフ　le couteau
- ☐ フォーク　la fourchette
- ☐ スプーン　la cuillère
- ☐ 皿　l'assiette
- ☐ カップ　la tasse
- ☐ コップ　le verre
- ☐ ナプキン　la serviette

■ 店
- ☐ 肉屋　la boucherie
- ☐ 豚肉製品屋　la charcuterie
- ☐ 魚屋　la poissonnerie
- ☐ パン屋　la boulangerie
- ☐ お菓子屋　la pâtisserie
- ☐ スーパー　le supermarché
- ☐ デパート　le grand magasin
- ☐ ブティック（小売店）　la boutique
- ☐ 本屋　la librairie
- ☐ 薬屋　la pharmacie
- ☐ 市場　le marché

■ 交通手段
- ☐ 電車　le train
- ☐ バス　le bus
- ☐ 地下鉄　le métro
- ☐ タクシー　le taxi
- ☐ 自動車　la bicyclette
- ☐ バイク　la moto
- ☐ 車　la voiture
- ☐ 飛行機　l'avion
- ☐ 船　le bateau

■ 建物
- ☐ 空港　l'aéroport

- ☐ （鉄道の）駅　la gare
- ☐ （地下鉄の）駅　la station
- ☐ ホテル　l'hôtel
- ☐ レストラン　le restaurant
- ☐ 銀行　la banque
- ☐ 病院　l'hôpital
- ☐ 郵便局　la poste
- ☐ 学校　l'école
- ☐ 大学　l'université
- ☐ 教会　l'église
- ☐ 市役所　la mairie
- ☐ 美術館　le musée
- ☐ 映画館　le cinéma
- ☐ 劇場　le théâtre

■ 住居
- ☐ アパルトマン　l'appartement
- ☐ 一軒家　la maison
- ☐ ワンルームマンション　le studio
- ☐ 寝室　la chambre
- ☐ キッチン　la cuisine
- ☐ 食堂　la salle à manger
- ☐ 書斎　le bureau
- ☐ 応接間　le salon
- ☐ 浴室　la salle de bains
- ☐ トイレ　les toilettes
- ☐ 庭　le jardin

■ 月・季節
- ☐ 1月　janvier
- ☐ 2月　février
- ☐ 3月　mars
- ☐ 4月　avril
- ☐ 5月　mai
- ☐ 6月　juin
- ☐ 7月　juillet
- ☐ 8月　août
- ☐ 9月　septembre
- ☐ 10月　octobre
- ☐ 11月　novembre

- ☐ 12月　décembre
- ☐ 春　le printemps
- ☐ 夏　l'été
- ☐ 秋　l'automne
- ☐ 冬　l'hiver

■ 曜日
- ☐ 月曜日　lundi
- ☐ 火曜日　mardi
- ☐ 水曜日　mercredi
- ☐ 木曜日　jeudi
- ☐ 金曜日　vendredi
- ☐ 土曜日　samedi
- ☐ 日曜日　dimanche

■ 祈願の表現
- ☐ Bon anniversaire！誕生日おめでとう！
- ☐ Bon appétit！召し上がれ！
- ☐ Bon courage！がんばって！
- ☐ Bon voyage！よいご旅行を！
- ☐ Bon week-end！よい週末を！
- ☐ Bonne année！新年おめでとう！
- ☐ Bonne chance！幸運を祈ります！

■ 動詞 ― 移動
- ☐ 行く　aller
- ☐ 来る　venir
- ☐ 出発する　partir
- ☐ 到着する　arriver
- ☐ 入る　entrer
- ☐ 出かける　sortir
- ☐ 帰る　rentrer
- ☐ 登る　monter
- ☐ 降りる　descendre

■ 動詞 ― 知覚
- ☐ 見る　regarder
- ☐ 見える　voir
- ☐ 聞く　écouter
- ☐ 聞こえる　entendre
- ☐ 食べる　manger
- ☐ 味わう　goûter
- ☐ 触れる　toucher

■ 動詞 ― 行為
- ☐ 買う　acheter
- ☐ 支払う　payer
- ☐ 売る　vendre
- ☐ 飲む　boire
- ☐ 起きる　se lever
- ☐ 寝る　se coucher
- ☐ 勉強する　étudier
- ☐ 読む　lire
- ☐ 習う　apprendre
- ☐ 散歩する　se promener
- ☐ 歩く　marcher

■ 時の表現
- ☐ 今　maintenant
- ☐ 今日　aujourd'hui
- ☐ 明日　demain
- ☐ 昨日　hier
- ☐ 朝　le matin
- ☐ 午後　l'après-midi
- ☐ 夕方　le soir
- ☐ 夜　la nuit
- ☐ 日　le jour
- ☐ 週　la semaine
- ☐ 月　le mois
- ☐ 年　l'an, l'année

■ 場所の表現
- ☐ ここ　ici
- ☐ あそこ　là-bas
- ☐ ～の前に　devant ～
- ☐ ～の後ろに　derrière ～
- ☐ ～の近くに　près de ～
- ☐ ～から遠くに　loin de ～
- ☐ ～の上に　sur ～
- ☐ ～の下に　sous ～

■ 71

装丁・本文イラスト・デザイン： 小熊　未央
写真： Sumiyo IDA
フランス政府観光局
著者

p.15 写真
Audrey Tautou
By Georges Biard, CC BY-SA 3.0,
https://commons.wikimedia.org/w/index.php?curid=19777145

Omar Sy
By Harald Krichel - Own work, CC BY-SA 3.0,
https://commons.wikimedia.org/w/index.php?curid=98036715

Aya Nakamura
By Condé Nast (through Vogue Taiwan), CC BY 3.0,
https://commons.wikimedia.org/w/index.php?curid=150857218

新・東京 ── パリ，初飛行
［新訂増補版］

藤　田　裕　二
藤　田　知　子　著
Sylvie GILLET

2025．2．1　新訂増補版発行

発行者　上　野　名　保　子

発行所　〒101-0062　東京都千代田区神田駿河台 3-7　　株式　駿河台出版社
　　　　電話 03 (3291) 1676　FAX 03 (3291) 1675　　会社

印刷・製本　㈱フォレスト

http://www.e-surugadai.com
ISBN978-4-411-01149-7

動 詞 活 用 表

◇ 活用表中，現在分詞と過去分詞はイタリック体，
また書体の違う活用は，とくに注意すること．

accueillir	22	écrire	40	pleuvoir	61
acheter	10	émouvoir	55	pouvoir	54
acquérir	26	employer	13	préférer	12
aimer	7	envoyer	15	prendre	29
aller	16	être	2	recevoir	52
appeler	11	être aimé(e)(s)	5	rendre	28
(s')asseoir	60	être allé(e)(s)	4	résoudre	42
avoir	1	faire	31	rire	48
avoir aimé	3	falloir	62	rompre	50
battre	46	finir	17	savoir	56
boire	41	fuir	27	sentir	19
commencer	8	(se) lever	6	suffire	34
conclure	49	lire	33	suivre	38
conduire	35	manger	9	tenir	20
connaître	43	mettre	47	vaincre	51
coudre	37	mourir	25	valoir	59
courir	24	naître	44	venir	21
craindre	30	ouvrir	23	vivre	39
croire	45	partir	18	voir	57
devoir	53	payer	14	vouloir	58
dire	32	plaire	36		

◇ 単純時称の作り方

不定法		直説法現在		接続法現在		直説法半過去	
—er [e]	je (j')	—e [無音]	—s [無音]	—e [無音]		—ais [ɛ]	
—ir [ir]	tu	—es [無音]	—s [無音]	—es [無音]		—ais [ɛ]	
—re [r]	il	—e [無音]	—t [無音]	—e [無音]		—ait [ɛ]	
—oir [war]	nous	—ons [ɔ̃]		—ions [jɔ̃]		—ions [jɔ̃]	
現在分詞	vous	—ez [e]		—iez [je]		—iez [je]	
—ant [ã]	ils	—ent [無音]		—ent [無音]		—aient [ɛ]	

	直説法単純未来		条件法現在	
je (j')	—rai	[re]	—rais	[rɛ]
tu	—ras	[rɑ]	—rais	[rɛ]
il	—ra	[ra]	—rait	[rɛ]
nous	—rons	[rɔ̃]	—rions	[rjɔ̃]
vous	—rez	[re]	—riez	[rje]
ils	—ront	[rɔ̃]	—raient	[rɛ]

	直説法単純過去					
je	—ai	[e]	—is	[i]	—us	[y]
tu	—as	[ɑ]	—is	[i]	—us	[y]
il	—a	[a]	—it	[i]	—ut	[y]
nous	—âmes	[am]	—îmes	[im]	—ûmes	[ym]
vous	—âtes	[at]	—îtes	[it]	—ûtes	[yt]
ils	—èrent	[ɛr]	—irent	[ir]	—urent	[yr]

過去分詞	—é [e], —i [i], —u [y], —s [無音], —t [無音]

① **直説法現在**の単数形は，第一群動詞では―e, ―es, ―e；他の動詞ではほとんど―s, ―s, ―t.

② **直説法現在**と**接続法現在**では，nous, vous の語幹が，他の人称の語幹と異なること（母音交替）がある.

③ **命令法**は，直説法現在の tu, nous, vous をとった形.（ただし―es → e　vas → va）

④ **接続法現在**は，多く直説法現在の3人称複数形から作られる. ils partent → je parte.

⑤ **直説法半過去**と**現在分詞**は，直説法現在の1人称複数形から作られる.

⑥ **直説法単純未来**と**条件法現在**は多く不定法から作られる. aimer → j'aimerai, finir → je finirai, rendre → je rendrai(-oir 型の語幹は不規則).

1. avoir

		直　　説　　法					
	現　　在		半　過　去		単　純　過　去		
現在分詞	j'	ai	j'	avais	j'	eus	[y]
ayant	tu	as	tu	avais	tu	eus	
	il	a	il	avait	il	eut	
過去分詞	nous	avons	nous	avions	nous	eûmes	
eu [y]	vous	avez	vous	aviez	vous	eûtes	
	ils	ont	ils	avaient	ils	eurent	

命　令　法	複　合　過　去			大　過　去			前　過　去		
	j'	ai	eu	j'	avais	eu	j'	eus	eu
aie	tu	as	eu	tu	avais	eu	tu	eus	eu
	il	a	eu	il	avait	eu	il	eut	eu
ayons	nous	avons	eu	nous	avions	eu	nous	eûmes	eu
ayez	vous	avez	eu	vous	aviez	eu	vous	eûtes	eu
	ils	ont	eu	ils	avaient	eu	ils	eurent	eu

2. être

		直　　説　　法				
	現　　在		半　過　去		単　純　過　去	
現在分詞	je	suis	j'	étais	je	fus
étant	tu	es	tu	étais	tu	fus
	il	est	il	était	il	fut
過去分詞	nous	sommes	nous	étions	nous	fûmes
été	vous	êtes	vous	étiez	vous	fûtes
	ils	sont	ils	étaient	ils	furent

命　令　法	複　合　過　去			大　過　去			前　過　去		
	j'	ai	été	j'	avais	été	j'	eus	été
sois	tu	as	été	tu	avais	été	tu	eus	été
	il	a	été	il	avait	été	il	eut	été
soyons	nous	avons	été	nous	avions	été	nous	eûmes	été
soyez	vous	avez	été	vous	aviez	été	vous	eûtes	été
	ils	ont	été	ils	avaient	été	ils	eurent	été

3. avoir aimé

［複合時称］	直　　説　　法								
	複　合　過　去			大　過　去			前　過　去		
分詞複合形	j'	ai	aimé	j'	avais	aimé	j'	eus	aimé
ayant aimé	tu	as	aimé	tu	avais	aimé	tu	eus	aimé
	il	a	aimé	il	avait	aimé	il	eut	aimé
命　令　法	elle	a	aimé	elle	avait	aimé	elle	eut	aimé
aie aimé	nous	avons	aimé	nous	avions	aimé	nous	eûmes	aimé
	vous	avez	aimé	vous	aviez	aimé	vous	eûtes	aimé
ayons aimé	ils	ont	aimé	ils	avaient	aimé	ils	eurent	aimé
ayez aimé	elles	ont	aimé	elles	avaient	aimé	elles	eurent	aimé

4. être allé(e)(s)

［複合時称］	直　　説　　法								
	複　合　過　去			大　過　去			前　過　去		
分詞複合形	je	suis	allé(e)	j'	étais	allé(e)	je	fus	allé(e)
étant allé(e)(s)	tu	es	allé(e)	tu	étais	allé(e)	tu	fus	allé(e)
	il	est	allé	il	était	allé	il	fut	allé
命　令　法	elle	est	allée	elle	était	allée	elle	fut	allée
sois allé(e)	nous	sommes	allé(e)s	nous	étions	allé(e)s	nous	fûmes	allé(e)s
soyons allé(e)s	vous	êtes	allé(e)(s)	vous	étiez	allé(e)(s)	vous	fûtes	allé(e)(s)
soyez allé(e)(s)	ils	sont	allés	ils	étaient	allés	ils	furent	allés
	elles	sont	allées	elles	étaient	allées	elles	furent	allées

条件法		接続法	
単純未来	**現在**	**現在**	**半過去**
j' aurai	j' aurais	j' aie	j' eusse
tu auras	tu aurais	tu aies	tu eusses
il aura	il aurait	il ait	il eût
nous aurons	nous aurions	nous ayons	nous eussions
vous aurez	vous auriez	vous ayez	vous eussiez
ils auront	ils auraient	ils aient	ils eussent
前未来	**過去**	**過去**	**大過去**
j' aurai eu	j' aurais eu	j' aie eu	j' eusse eu
tu auras eu	tu aurais eu	tu aies eu	tu eusses eu
il aura eu	il aurait eu	il ait eu	il eût eu
nous aurons eu	nous aurions eu	nous ayons eu	nous eussions eu
vous aurez eu	vous auriez eu	vous ayez eu	vous eussiez eu
ils auront eu	ils auraient eu	ils aient eu	ils eussent eu

条件法		接続法	
単純未来	**現在**	**現在**	**半過去**
je serai	je serais	je sois	je fusse
tu seras	tu serais	tu sois	tu fusses
il sera	il serait	il soit	il fût
nous serons	nous serions	nous soyons	nous fussions
vous serez	vous seriez	vous soyez	vous fussiez
ils seront	ils seraient	ils soient	ils fussent
前未来	**過去**	**過去**	**大過去**
j' aurai été	j' aurais été	j' aie été	j' eusse été
tu auras été	tu aurais été	tu aies été	tu eusses été
il aura été	il aurait été	il ait été	il eût été
nous aurons été	nous aurions été	nous ayons été	nous eussions été
vous aurez été	vous auriez été	vous ayez été	vous eussiez été
ils auront été	ils auraient été	ils aient été	ils eussent été

条件法		接続法	
前未来	**過去**	**過去**	**大過去**
j' aurai aimé	j' aurais aimé	j' aie aimé	j' eusse aimé
tu auras aimé	tu aurais aimé	tu aies aimé	tu eusses aimé
il aura aimé	il aurait aimé	il ait aimé	il eût aimé
elle aura aimé	elle aurait aimé	elle ait aimé	elle eût aimé
nous aurons aimé	nous aurions aimé	nous ayons aimé	nous eussions aimé
vous aurez aimé	vous auriez aimé	vous ayez aimé	vous eussiez aimé
ils auront aimé	ils auraient aimé	ils aient aimé	ils eussent aimé
elles auront aimé	elles auraient aimé	elles aient aimé	elles eussent aimé

条件法		接続法	
前未来	**過去**	**過去**	**大過去**
je serai allé(e)	je serais allé(e)	je sois allé(e)	je fusse allé(e)
tu seras allé(e)	tu serais allé(e)	tu sois allé(e)	tu fusse allé(e)
il sera allé	il serait allé	il soit allé	il fût allé
elle sera allée	elle serait allée	elle soit allée	elle fût allée
nous serons allé(e)s	nous serions allé(e)s	nous soyons allé(e)s	nous fussions allé(e)s
vous serez allé(e)(s)	vous seriez allé(e)(s)	vous soyez allé(e)(s)	vous fussiez allé(e)(s)
ils seront allés	ils seraient allés	ils soient allés	ils fussent allés
elles seront allées	elles seraient allées	elles soient allées	elles fussent allées

5. être aimé(e)(s) ［受動態］

直　説　法						接　続　法		
現　在			複　合　過　去			現　在		
je	suis	aimé(e)	j'	ai	été aimé(e)	je	sois	aimé(e)
tu	es	aimé(e)	tu	as	été aimé(e)	tu	sois	aimé(e)
il	est	aimé	il	a	été aimé	il	soit	aimé
elle	est	aimée	elle	a	été aimée	elle	soit	aimée
nous	sommes	aimé(e)s	nous	avons	été aimé(e)s	nous	soyons	aimé(e)s
vous	êtes	aimé(e)(s)	vous	avez	été aimé(e)(s)	vous	soyez	aimé(e)(s)
ils	sont	aimés	ils	ont	été aimés	ils	soient	aimés
elles	sont	aimées	elles	ont	été aimées	elles	soient	aimées
半　過　去			大　過　去			過　去		
j'	étais	aimé(e)	j'	avais	été aimé(e)	j'	aie	été aimé(e)
tu	étais	aimé(e)	tu	avais	été aimé(e)	tu	aies	été aimé(e)
il	était	aimé	il	avait	été aimé	il	ait	été aimé
elle	était	aimée	elle	avait	été aimée	elle	ait	été aimée
nous	étions	aimé(e)s	nous	avions	été aimé(e)s	nous	ayons	été aimé(e)s
vous	étiez	aimé(e)(s)	vous	aviez	été aimé(e)(s)	vous	ayez	été aimé(e)(s)
ils	étaient	aimés	ils	avaient	été aimés	ils	aient	été aimés
elles	étaient	aimées	elles	avaient	été aimées	elles	aient	été aimées
単　純　過　去			前　過　去			半　過　去		
je	fus	aimé(e)	j'	eus	été aimé(e)	je	fusse	aimé(e)
tu	fus	aimé(e)	tu	eus	été aimé(e)	tu	fusses	aimé(e)
il	fut	aimé	il	eut	été aimé	il	fût	aimé
elle	fut	aimée	elle	eut	été aimée	elle	fût	aimée
nous	fûmes	aimé(e)s	nous	eûmes	été aimé(e)s	nous	fussions	aimé(e)s
vous	fûtes	aimé(e)(s)	vous	eûtes	été aimé(e)(s)	vous	fussiez	aimé(e)(s)
ils	furent	aimés	ils	eurent	été aimés	ils	fussent	aimés
elles	furent	aimées	elles	eurent	été aimées	elles	fussent	aimées
単　純　未　来			前　未　来			大　過　去		
je	serai	aimé(e)	j'	aurai	été aimé(e)	j'	eusse	été aimé(e)
tu	seras	aimé(e)	tu	auras	été aimé(e)	tu	eusses	été aimé(e)
il	sera	aimé	il	aura	été aimé	il	eût	été aimé
elle	sera	aimée	elle	aura	été aimée	elle	eût	été aimée
nous	serons	aimé(e)s	nous	aurons	été aimé(e)s	nous	eussions	été aimé(e)s
vous	serez	aimé(e)(s)	vous	aurez	été aimé(e)(s)	vous	eussiez	été aimé(e)(s)
ils	seront	aimés	ils	auront	été aimés	ils	eussent	été aimés
elles	seront	aimées	elles	auront	été aimées	elles	eussent	été aimées

条　件　法						現在分詞	
現　在			過　去			étant aimé(e)(s)	
je	serais	aimé(e)	j'	aurais	été aimé(e)		
tu	serais	aimé(e)	tu	aurais	été aimé(e)	過去分詞	
il	serait	aimé	il	aurait	été aimé	été aimé(e)(s)	
elle	serait	aimée	elle	aurait	été aimée		
nous	serions	aimé(e)s	nous	aurions	été aimé(e)s	命　令　法	
vous	seriez	aimé(e)(s)	vous	auriez	été aimé(e)(s)	sois	aimé(e)s
ils	seraient	aimés	ils	auraient	été aimés	soyons	aimé(e)s
elles	seraient	aimées	elles	auraient	été aimées	soyez	aimé(e)(s)

6. se lever ［代名動詞］

直　説　法		接　続　法

現　在 ・ 複　合　過　去 ・ 現　在

現　在			複　合　過　去				現　在		
je	me	lève	je	me	suis	levé(e)	je	me	lève
tu	te	lèves	tu	t'	es	levé(e)	tu	te	lèves
il	se	lève	il	s'	est	levé	il	se	lève
elle	se	lève	elle	s'	est	levée	elle	se	lève
nous	nous	levons	nous	nous	sommes	levé(e)s	nous	nous	levions
vous	vous	levez	vous	vous	êtes	levé(e)(s)	vous	vous	leviez
ils	se	lèvent	ils	se	sont	levés	ils	se	lèvent
elles	se	lèvent	elles	se	sont	levées	elles	se	lèvent

半　過　去 ・ 大　過　去 ・ 過　去

半　過　去			大　過　去				過　去		
je	me	levais	je	m'	étais	levé(e)	je	me	sois	levé(e)
tu	te	levais	tu	t'	étais	levé(e)	tu	te	sois	levé(e)
il	se	levait	il	s'	était	levé	il	se	soit	levé
elle	se	levait	elle	s'	était	levée	elle	se	soit	levée
nous	nous	levions	nous	nous	étions	levé(e)s	nous	nous	soyons	levé(e)s
vous	vous	leviez	vous	vous	étiez	levé(e)(s)	vous	vous	soyez	levé(e)(s)
ils	se	levaient	ils	s'	étaient	levés	ils	se	soient	levés
elles	se	levaient	elles	s'	étaient	levées	elles	se	soient	levées

単　純　過　去 ・ 前　過　去 ・ 半　過　去

単　純　過　去			前　過　去				半　過　去		
je	me	levai	je	me	fus	levé(e)	je	me	levasse
tu	te	levas	tu	te	fus	levé(e)	tu	te	levasses
il	se	leva	il	se	fut	levé	il	se	levât
elle	se	leva	elle	se	fut	levée	elle	se	levât
nous	nous	levâmes	nous	nous	fûmes	levé(e)s	nous	nous	levassions
vous	vous	levâtes	vous	vous	fûtes	levé(e)(s)	vous	vous	levassiez
ils	se	levèrent	ils	se	furent	levés	ils	se	levassent
elles	se	levèrent	elles	se	furent	levées	elles	se	levassent

単　純　未　来 ・ 前　未　来 ・ 大　過　去

単　純　未　来			前　未　来				大　過　去		
je	me	lèverai	je	me	serai	levé(e)	je	me	fusse	levé(e)
tu	te	lèveras	tu	te	seras	levé(e)	tu	te	fusses	levé(e)
il	se	lèvera	il	se	sera	levé	il	se	fût	levé
elle	se	lèvera	elle	se	sera	levée	elle	se	fût	levée
nous	nous	lèverons	nous	nous	serons	levé(e)s	nous	nous	fussions	levé(e)s
vous	vous	lèverez	vous	vous	serez	levé(e)(s)	vous	vous	fussiez	levé(e)(s)
ils	se	lèveront	ils	se	seront	levés	ils	se	fussent	levés
elles	se	lèveront	elles	se	seront	levées	elles	se	fussent	levées

条　件　法		現在分詞

現　在 ・ 過　去

現　在			過　去				現在分詞
je	me	lèverais	je	me	serais	levé(e)	se levant
tu	te	lèverais	tu	te	serais	levé(e)	
il	se	lèverait	il	se	serait	levé	
elle	se	lèverait	elle	se	serait	levée	**命　令　法**
nous	nous	lèverions	nous	nous	serions	levé(e)s	
vous	vous	lèveriez	vous	vous	seriez	levé(e)(s)	lève-toi
ils	se	lèveraient	ils	se	seraient	levés	levons-nous
elles	se	lèveraient	elles	se	seraient	levées	levez-vous

◇ se が間接補語のとき過去分詞は性・数の変化をしない.

7

不 定 法 現在分詞 過去分詞	直　　説　　法			
	現　　在	半　過　去	単　純　過　去	単　純　未　来
7. aimer *aimant* *aimé*	j'　aime tu　aimes il　aime n.　aimons v.　aimez ils　aiment	j'　aimais tu　aimais il　aimait n.　aimions v.　aimiez ils　aimaient	j'　aimai tu　aimas il　aima n.　aimâmes v.　aimâtes ils　aimèrent	j'　aimerai tu　aimeras il　aimera n.　aimerons v.　aimerez ils　aimeront
8. commencer *commençant* *commencé*	je　commence tu　commences il　commence n.　commençons v.　commencez ils　commencent	je　commençais tu　commençais il　commençait n.　commencions v.　commenciez ils　commençaient	je　commençai tu　commenças il　commença n.　commençâmes v.　commençâtes ils　commencèrent	je　commencerai tu　commenceras il　commencera n.　commencerons v.　commencerez ils　commenceront
9. manger *mangeant* *mangé*	je　mange tu　manges il　mange n.　mangeons v.　mangez ils　mangent	je　mangeais tu　mangeais il　mangeait n.　mangions v.　mangiez ils　mangeaient	je　mangeai tu　mangeas il　mangea n.　mangeâmes v.　mangeâtes ils　mangèrent	je　mangerai tu　mangeras il　mangera n.　mangerons v.　mangerez ils　mangeront
10. acheter *achetant* *acheté*	j'　achète tu　achètes il　achète n.　achetons v.　achetez ils　achètent	j'　achetais tu　achetais il　achetait n.　achetions v.　achetiez ils　achetaient	j'　achetai tu　achetas il　acheta n.　achetâmes v.　achetâtes ils　achetèrent	j'　achèterai tu　achèteras il　achètera n.　achèterons v.　achèterez ils　achèteront
11. appeler *appelant* *appelé*	j'　appelle tu　appelles il　appelle n.　appelons v.　appelez ils　appellent	j'　appelais tu　appelais il　appelait n.　appelions v.　appeliez ils　appelaient	j'　appelai tu　appelas il　appela n.　appelâmes v.　appelâtes ils　appelèrent	j'　appellerai tu　appelleras il　appellera n.　appellerons v.　appellerez ils　appelleront
12. préférer *préférant* *préféré*	je　préfère tu　préfères il　préfère n.　préférons v.　préférez ils　préfèrent	je　préférais tu　préférais il　préférait n.　préférions v.　préfériez ils　préféraient	je　préférai tu　préféras il　préféra n.　préférâmes v.　préférâtes ils　préférèrent	je　préférerai tu　préféreras il　préférera n.　préférerons v.　préférerez ils　préféreront
13. employer *employant* *employé*	j'　emploie tu　emploies il　emploie n.　employons v.　employez ils　emploient	j'　employais tu　employais il　employait n.　employions v.　employiez ils　employaient	j'　employai tu　employas il　employa n.　employâmes v.　employâtes ils　employèrent	j'　emploierai tu　emploieras il　emploiera n.　emploierons v.　emploierez ils　emploieront

条 件 法	接 続 法		命 令 法	同 型
現　　在	現　　在	半 過 去		
j' aimerais tu aimerais il aimerait n. aimerions v. aimeriez ils aimeraient	j' aime tu aimes il aime n. aimions v. aimiez ils aiment	j' aimasse tu aimasses il aimât n. aimassions v. aimassiez ils aimassent	aime aimons aimez	囲語尾 -er の動詞 （除：aller, envoyer） を第一群規則動詞と もいう．
je commencerais tu commencerais il commencerait n. commencerions v. commenceriez ils commenceraient	je commence tu commences il commence n. commencions v. commenciez ils commencent	je commençasse tu commençasses il commençât n. commençassions v. commençassiez ils commençassent	commence commençons commencez	avancer effacer forcer lancer placer prononcer remplacer renoncer
je mangerais tu mangerais il mangerait n. mangerions v. mangeriez ils mangeraient	je mange tu manges il mange n. mangions v. mangiez ils mangent	je mangeasse tu mangeasses il mangeât n. mangeassions v. mangeassiez ils mangeassent	mange mangeons mangez	arranger changer charger déranger engager manger obliger voyager
j' achèterais tu achèterais il achèterait n. achèterions v. achèteriez ils achèteraient	j' achète tu achètes il achète n. achetions v. achetiez ils achètent	j' achetasse tu achetasses il achetât n. achetassions v. achetassiez ils achetassent	achète achetons achetez	achever amener enlever lever mener peser (se) promener
j' appellerais tu appellerais il appellerait n. appellerions v. appelleriez ils appelleraient	j' appelle tu appelles il appelle n. appelions v. appeliez ils appellent	j' appelasse tu appelasses il appelât n. appelassions v. appelassiez ils appelassent	appelle appelons appelez	**jeter** **rappeler** **rejeter** **renouveler**
je préférerais tu préférerais il préférerait n. préférerions v. préféreriez ils préféreraient	je préfère tu préfères il préfère n. préférions v. préfériez ils préfèrent	je préférasse tu préférasses il préférât n. préférassions v. préférassiez ils préférassent	préfère préférons préférez	**considérer** **désespérer** **espérer** **inquiéter** **pénétrer** **posséder** **répéter** **sécher**
j' emploierais tu emploierais il emploierait n. emploierions v. emploieriez ils emploieraient	j' emploie tu emploies il emploie n. employions v. employiez ils emploient	j' employasse tu employasses il employât n. employassions v. employassiez ils employassent	emploie employons employez	-oyer（除：envoyer） -uyer **appuyer** **ennuyer** **essuyer** **nettoyer**

不 定 法 現在分詞 過去分詞	直 説 法			
	現　在	半　過　去	単　純　過　去	単　純　未来
14. payer *payant* *payé*	je　paye (paie) tu　payes (paies) il　paye (paie) n.　payons v.　payez ils　payent (paient)	je　payais tu　payais il　payait n.　payions v.　payiez ils　payaient	je　payai tu　payas il　paya n.　payâmes v.　payâtes ils　payèrent	je　payerai (paierai) tu　payeras (*etc. . . .*) il　payera n.　payerons v.　payerez ils　payeront
15. envoyer *envoyant* *envoyé*	j'　envoie tu　envoies il　envoie n.　envoyons v.　envoyez ils　envoient	j'　envoyais tu　envoyais il　envoyait n.　envoyions v.　envoyiez ils　envoyaient	j'　envoyai tu　envoyas il　envoya n.　envoyâmes v.　envoyâtes ils　envoyèrent	j'　**enverrai** tu　**enverras** il　**enverra** n.　**enverrons** v.　**enverrez** ils　**enverront**
16. aller *allant* *allé*	je　**vais** tu　**vas** il　**va** n.　allons v.　allez ils　**vont**	j'　allais tu　allais il　allait n.　allions v.　alliez ils　allaient	j'　allai tu　allas il　alla n.　allâmes v.　allâtes ils　allèrent	j'　**irai** tu　**iras** il　**ira** n.　**irons** v.　**irez** ils　**iront**
17. finir *finissant* *fini*	je　finis tu　finis il　finit n.　finissons v.　finissez ils　finissent	je　finissais tu　finissais il　finissait n.　finissions v.　finissiez ils　finissaient	je　finis tu　finis il　finit n.　finîmes v.　finîtes ils　finirent	je　finirai tu　finiras il　finira n.　finirons v.　finirez ils　finiront
18. partir *partant* *parti*	je　pars tu　pars il　part n.　partons v.　partez ils　partent	je　partais tu　partais il　partait n.　partions v.　partiez ils　partaient	je　partis tu　partis il　partit n.　partîmes v.　partîtes ils　partirent	je　partirai tu　partiras il　partira n.　partirons v.　partirez ils　partiront
19. sentir *sentant* *senti*	je　sens tu　sens il　sent n.　sentons v.　sentez ils　sentent	je　sentais tu　sentais il　sentait n.　sentions v.　sentiez ils　sentaient	je　sentis tu　sentis il　sentit n.　sentîmes v.　sentîtes ils　sentirent	je　sentirai tu　sentiras il　sentira n.　sentirons v.　sentirez ils　sentiront
20. tenir *tenant* *tenu*	je　tiens tu　tiens il　tient n.　tenons v.　tenez ils　tiennent	je　tenais tu　tenais il　tenait n.　tenions v.　teniez ils　tenaient	je　tins tu　tins il　tint n.　tînmes v.　tîntes ils　tinrent	je　**tiendrai** tu　**tiendras** il　**tiendra** n.　**tiendrons** v.　**tiendrez** ils　**tiendront**

条件法 現在	接続法 現在	接続法 半過去	命令法	同型
je payerais (paierais) tu payerais (*etc. . . .*) il payerait n. payerions v. payeriez ils payeraient	je paye (paie) tu payes (paies) il paye (paie) n. payions v. payiez ils payent (paient)	je payasse tu payasses il payât n. payassions v. payassiez ils payassent	paie (paye) payons payez	[発音] je paye [ʒəpɛj], je paie 「ʒəpɛ」； je payerai [ʒəpɛjre], je paierai 「ʒəpɛre].
j' enverrais tu enverrais il enverrait n. enverrions v. enverriez ils enverraient	j' envoie tu envoies il envoie n. envoyions v. envoyiez ils envoient	j' envoyasse tu envoyasses il envoyât n. envoyassions v. envoyassiez ils envoyassent	envoie envoyons envoyez	注未来, 条・現を除いては, 13 と同じ. **renvoyer**
j' irais tu irais il irait n. irions v. iriez ils iraient	j' **aille** tu **ailles** il **aille** n. allions v. alliez ils **aillent**	j' allasse tu allasses il allât n. allassions v. allassiez ils allassent	**va** allons allez	注yがつくとき命令法・現在は vas: vas-y. 直・現・3 人称複数に ont の語尾をもつものは他にont(avoir), sont(être), font(faire)のみ.
je finirais tu finirais il finirait n. finirions v. finiriez ils finiraient	je finisse tu finisses il finisse n. finissions v. finissiez ils finissent	je finisse tu finisses il finît n. finissions v. finissiez ils finissent	finis finissons finissez	注finir 型の動詞を第2群規則動詞という.
je partirais tu partirais il partirait n. partirions v. partiriez ils partiraient	je parte tu partes il parte n. partions v. partiez ils partent	je partisse tu partisses il partît n. partissions v. partissiez ils partissent	pars partons partez	注助動詞は être. **sortir**
je sentirais tu sentirais il sentirait n. sentirions v. sentiriez ils sentiraient	je sente tu sentes il sente n. sentions v. sentiez ils sentent	je sentisse tu sentisses il sentît n. sentissions v. sentissiez ils sentissent	sens sentons sentez	注18と助動詞を除けば同型.
je tiendrais tu tiendrais il tiendrait n. tiendrions v. tiendriez ils tiendraient	je tienne tu tiennes il tienne n. tenions v. teniez ils tiennent	je tinsse tu tinsses il tînt n. tinssions v. tinssiez ils tinssent	tiens tenons tenez	注**venir 21** と同型, ただし, 助動詞はavoir.

11

不 定 法 現在分詞 過去分詞	直 説 法			
	現　　　在	半 過 去	単純過去	単純未来
21. venir *venant* *venu*	je　viens tu　viens il　vient n.　venons v.　venez ils　viennent	je　venais tu　venais il　venait n.　venions v.　veniez ils　venaient	je　vins tu　vins il　vint n.　vînmes v.　vîntes ils　vinrent	je　**viendrai** tu　**viendras** il　**viendra** n.　**viendrons** v.　**viendrez** ils　**viendront**
22. accueillir *accueillant* *accueilli*	j'　**accueille** tu　**accueilles** il　**accueille** n.　accueillons v.　accueillez ils　accueillent	j'　accueillais tu　accueillais il　accueillait n.　accueillions v.　accueilliez ils　accueillaient	j'　accueillis tu　accueillis il　accueillit n.　accueillîmes v.　accueillîtes ils　accueillirent	j'　**accueillerai** tu　**accueilleras** il　**accueillera** n.　**accueillerons** v.　**accueillerez** ils　**accueilleront**
23. ouvrir *ouvrant* *ouvert*	j'　**ouvre** tu　**ouvres** il　**ouvre** n.　ouvrons v.　ouvrez ils　ouvrent	j'　ouvrais tu　ouvrais il　ouvrait n.　ouvrions v.　ouvriez ils　ouvraient	j'　ouvris tu　ouvris il　ouvrit n.　ouvrîmes v.　ouvrîtes ils　ouvrirent	j'　ouvrirai tu　ouvriras il　ouvrira n.　ouvrirons v.　ouvrirez ils　ouvriront
24. courir *courant* *couru*	je　cours tu　cours il　court n.　courons v.　courez ils　courent	je　courais tu　courais il　courait n.　courions v.　couriez ils　couraient	je　courus tu　courus il　courut n.　courûmes v.　courûtes ils　coururent	je　**courrai** tu　**courras** il　**courra** n.　**courrons** v.　**courrez** ils　**courront**
25. mourir *mourant* *mort*	je　meurs tu　meurs il　meurt n.　mourons v.　mourez ils　meurent	je　mourais tu　mourais il　mourait n.　mourions v.　mouriez ils　mouraient	je　mourus tu　mourus il　mourut n.　mourûmes v.　mourûtes ils　moururent	je　**mourrai** tu　**mourras** il　**mourra** n.　**mourrons** v.　**mourrez** ils　**mourront**
26. acquérir *acquérant* *acquis*	j'　acquiers tu　acquiers il　acquiert n.　acquérons v.　acquérez ils　acquièrent	j'　acquérais tu　acquérais il　acquérait n.　acquérions v.　acquériez ils　acquéraient	j'　acquis tu　acquis il　acquit n.　acquîmes v.　acquîtes ils　acquirent	j'　**acquerrai** tu　**acquerras** il　**acquerra** n.　**acquerrons** v.　**acquerrez** ils　**acquerront**
27. fuir *fuyant* *fui*	je　fuis tu　fuis il　fuit n.　fuyons v.　fuyez ils　fuient	je　fuyais tu　fuyais il　fuyait n.　fuyions v.　fuyiez ils　fuyaient	je　fuis tu　fuis il　fuit n.　fuîmes v.　fuîtes ils　fuirent	je　fuirai tu　fuiras il　fuira n.　fuirons v.　fuirez ils　fuiront

条件法	接続法		命令法	同型
現在	現在	半過去		
je viendrais tu viendrais il viendrait n. viendrions v. viendriez ils viendraient	je vienne tu viennes il vienne n. venions v. veniez ils viennent	je vinsse tu vinsses il vînt n. vinssions v. vinssiez ils vinssent	viens venons venez	注 助動詞は être. **devenir** **intervenir** **prévenir** **revenir** **(se) souvenir**
j' accueillerais tu accueillerais il accueillerait n. accueillerions v. accueilleriez ils accueilleraient	j' accueille tu accueilles il accueille n. accueillions v. accueilliez ils accueillent	j' accueillisse tu accueillisses il accueillît n. accueillissions v. accueillissiez ils accueillissent	accueille accueillons accueillez	**cueillir**
j' ouvrirais tu ouvrirais il ouvrirait n. ouvririons v. ouvririez ils ouvriraient	j' ouvre tu ouvres il ouvre n. ouvrions v. ouvriez ils ouvrent	j' ouvrisse tu ouvrisses il ouvrît n. ouvrissions v. ouvrissiez ils ouvrissent	ouvre ouvrons ouvrez	**couvrir** **découvrir** **offrir** **souffrir**
je courrais tu courrais il courrait n. courrions v. courriez ils courraient	je coure tu coures il coure n. courions v. couriez ils courent	je courusse tu courusses il courût n. courussions v. courussiez ils courussent	cours courons courez	**accourir**
je mourrais tu mourrais il mourrait n. mourrions v. mourriez ils mourraient	je meure tu. meures il meure n. mourions v. mouriez ils meurent	je mourusse tu mourusses il mourût n. mourussions v. mourussiez ils mourussent	meurs mourons mourez	注 助動詞は être.
j' acquerrais tu acquerrais il acquerrait n. acquerrions v. acquerriez ils acquerraient	j' acquière tu acquières il acquière n. acquérions v. acquériez ils acquièrent	j' acquisse tu acquisses il acquît n. acquissions v. acquissiez ils acquissent	acquiers acquérons acquérez	**conquérir**
je fuirais tu fuirais il fuirait n. fuirions v. fuiriez ils fuiraient	je fuie tu fuies il fuie n. fuyions v. fuyiez ils fuient	je fuisse tu fuisses il fuît n. fuissions v. fuissiez ils fuissent	fuis fuyons fuyez	**s'enfuir**

不 定 法 現在分詞 過去分詞	直 説 法			
	現　在	半 過 去	単純過去	単純未来
28. rendre *rendant* *rendu*	je rends tu rends il **rend** n. rendons v. rendez ils rendent	je rendais tu rendais il rendait n. rendions v. rendiez ils rendaient	je rendis tu rendis il rendit n. rendîmes v. rendîtes ils rendirent	je rendrai tu rendras il rendra n. rendrons v. rendrez ils rendront
29. prendre *prenant* *pris*	je prends tu prends il **prend** n. prenons v. prenez ils prennent	je prenais tu prenais il prenait n. prenions v. preniez ils prenaient	je pris tu pris il prit n. prîmes v. prîtes ils prirent	je prendrai tu prendras il prendra n. prendrons v. prendrez ils prendront
30. craindre *craignant* *craint*	je crains tu crains il craint n. craignons v. craignez ils craignent	je craignais tu craignais il craignait n. craignions v. craigniez ils craignaient	je craignis tu craignis il craignit n. craignîmes v. craignîtes ils craignirent	je craindrai tu craindras il craindra n. craindrons v. craindrez ils craindront
31. faire *faisant* *fait*	je fais tu fais il fait n. faisons v. **faites** ils **font**	je faisais tu faisais il faisait n. faisions v. faisiez ils faisaient	je fis tu fis il fit n. fîmes v. fîtes ils firent	je **ferai** tu **feras** il **fera** n. **ferons** v. **ferez** ils **feront**
32. dire *disant* *dit*	je dis tu dis il dit n. disons v. **dites** ils disent	je disais tu disais il disait n. disions v. disiez ils disaient	je dis tu dis il dit n. dîmes v. dîtes ils dirent	je dirai tu diras il dira n. dirons v. direz ils diront
33. lire *lisant* *lu*	je lis tu lis il lit n. lisons v. lisez ils lisent	je lisais tu lisais il lisait n. lisions v. lisiez ils lisaient	je lus tu lus il lut n. lûmes v. lûtes ils lurent	je lirai tu liras il lira n. lirons v. lirez ils liront
34. suffire *suffisant* *suffi*	je suffis tu suffis il suffit n. suffisons v. suffisez ils suffisent	je suffisais tu suffisais il suffisait n. suffisions v. suffisiez ils suffisaient	je suffis tu suffis il suffit n. suffîmes v. suffîtes ils suffirent	je suffirai tu suffiras il suffira n. suffirons v. suffirez ils suffiront

条件法	接続法		命令法	同型
現 在	現 在	半 過 去		
je rendrais tu rendrais il rendrait n. rendrions v. rendriez ils rendraient	je rende tu rendes il rende n. rendions v. rendiez ils rendent	je rendisse tu rendisses il rendît n. rendissions v. rendissiez ils rendissent	rends rendons rendez	**attendre** **descendre** **entendre** **pendre** **perdre** **répandre** **répondre** **vendre**
je prendrais tu prendrais il prendrait n. prendrions v. prendriez ils prendraient	je prenne tu prennes il prenne n. prenions v. preniez ils prennent	je prisse tu prisses il prît n. prissions v. prissiez ils prissent	prends prenons prenez	**apprendre** **comprendre** **entreprendre** **reprendre** **surprendre**
je craindrais tu craindrais il craindrait n. craindrions v. craindriez ils craindraient	je craigne tu craignes il craigne n. craignions v. craigniez ils craignent	je craignisse tu craignisses il craignît n. craignissions v. craignissiez ils craignissent	crains craignons craignez	**atteindre** **éteindre** **joindre** **peindre** **plaindre**
je ferais tu ferais il ferait n. ferions v. feriez ils feraient	je **fasse** tu **fasses** il **fasse** n. **fassions** v. **fassiez** ils **fassent**	je fisse tu fisses il fît n. fissions v. fissiez ils fissent	fais faisons **faites**	**défaire** **refaire** **satisfaire** 注fais-[f(ə)z-]
je dirais tu dirais il dirait n. dirions v. diriez ils diraient	je dise tu dises il dise n. disions v. disiez ils disent	je disse tu disses il dît n. dissions v. dissiez ils dissent	dis disons **dites**	**redire**
je lirais tu lirais il lirait n. lirions v. liriez ils liraient	je lise tu lises il lise n. lisions v. lisiez ils lisent	je lusse tu lusses il lût n. lussions v. lussiez ils lussent	lis lisons lisez	**relire** **élire**
je suffirais tu suffirais il suffirait n. suffirions v. suffiriez ils suffiraient	je suffise tu suffises il suffise n. suffisions v. suffisiez ils suffisent	je suffisse tu suffisses il suffît n. suffissions v. suffissiez ils suffissent	suffis suffisons suffisez	

不 定 法 現在分詞 過去分詞	直　　説　　法			
	現　　在	半　過　去	単純過去	単純未来
35. conduire *conduisant* *conduit*	je conduis tu conduis il conduit n. conduisons v. conduisez ils conduisent	je conduisais tu conduisais il conduisait n. conduisions v. conduisiez ils conduisaient	je conduisis tu conduisis il conduisit n. conduisîmes v. conduisîtes ils conduisirent	je conduirai tu conduiras il conduira n. conduirons v. conduirez ils conduiront
36. plaire *plaisant* *plu*	je plais tu plais il **plaît** n. plaisons v. plaisez ils plaisent	je plaisais tu plaisais il plaisait n. plaisions v. plaisiez ils plaisaient	je plus tu plus il plut n. plûmes v. plûtes ils plurent	je plairai tu plairas il plaira n. plairons v. plairez ils plairont
37. coudre *cousant* *cousu*	je couds tu couds il coud n. cousons v. cousez ils cousent	je cousais tu cousais il cousait n. cousions v. cousiez ils cousaient	je cousis tu cousis il cousit n. cousîmes v. cousîtes ils cousirent	je coudrai tu coudras il coudra n. coudrons v. coudrez ils coudront
38. suivre *suivant* *suivi*	je suis tu suis il suit n. suivons v. suivez ils suivent	je suivais tu suivais il suivait n. suivions v. suiviez ils suivaient	je suivis tu suivis il suivit n. suivîmes v. suivîtes ils suivirent	je suivrai tu suivras il suivra n. suivrons v. suivrez ils suivront
39. vivre *vivant* *vécu*	je vis tu vis il vit n. vivons v. vivez ils vivent	je vivais tu vivais il vivait n. vivions v. viviez ils vivaient	je vécus tu vécus il vécut n. vécûmes v. vécûtes ils vécurent	je vivrai tu vivras il vivra n. vivrons v. vivrez ils vivront
40. écrire *écrivant* *écrit*	j' écris tu écris il écrit n. écrivons v. écrivez ils écrivent	j' écrivais tu écrivais il écrivait n. écrivions v. écriviez ils écrivaient	j' écrivis tu écrivis il écrivit n. écrivîmes v. écrivîtes ils écrivirent	j' écrirai tu écriras il écrira n. écrirons v. écrirez ils écriront
41. boire *buvant* *bu*	je bois tu bois il boit n. buvons v. buvez ils boivent	je buvais tu buvais il buvait n. buvions v. buviez ils buvaient	je bus tu bus il but n. bûmes v. bûtes ils burent	je boirai tu boiras il boira n. boirons v. boirez ils boiront

条 件 法	接 続 法		命 令 法	同 型
現 在	現 在	半 過 去		
je conduirais tu conduirais il conduirait n. conduirions v. conduiriez ils conduiraient	je conduise tu conduises il conduise n. conduisions v. conduisiez ils conduisent	je conduisisse tu conduisisses il conduisît n. conduisissions v. conduisissiez ils conduisissent	conduis conduisons conduisez	**construire** **cuire** **détruire** **instruire** **introduire** **produire** **traduire**
je plairais tu plairais il plairait n. plairions v. plairiez ils plairaient	je plaise tu plaises il plaise n. plaisions v. plaisiez ils plaisent	je plusse tu plusses il plût n. plussions v. plussiez ils plussent	plais plaisons plaisez	**déplaire** **(se) taire** （ただし il se tait）
je coudrais tu coudrais il coudrait n. coudrions v. coudriez ils coudraient	je couse tu couses il couse n. cousions v. cousiez ils cousent	je cousisse tu cousisses il cousît n. cousissions v. cousissiez ils cousissent	couds cousons cousez	
je suivrais tu suivrais il suivrait n. suivrions v. suivriez ils suivraient	je suive tu suives il suive n. suivions v. suiviez ils suivent	je suivisse tu suivisses il suivît n. suivissions v. suivissiez ils suivissent	suis suivons suivez	**poursuivre**
je vivrais tu vivrais il vivrait n. vivrions v. vivriez ils vivraient	je vive tu vives il vive n. vivions v. viviez ils vivent	je vécusse tu vécusses il vécût n. vécussions v. vécussiez ils vécussent	vis vivons vivez	
j' écrirais tu écrirais il écrirait n. écririons v. écririez ils écriraient	j' écrive tu écrives il écrive n. écrivions v. écriviez ils écrivent	j' écrivisse tu écrivisses il écrivît n. écrivissions v. écrivissiez ils écrivissent	écris écrivons écrivez	**décrire** **inscrire**
je boirais tu boirais il boirait n. boirions v. boiriez ils boiraient	je boive tu boives il boive n. buvions v. buviez ils boivent	je busse tu busses il bût n. bussions v. bussiez ils bussent	bois buvons buvez	

不 定 法 現在分詞 過去分詞	直　説　法			
	現　　在	半　過　去	単純過去	単純未来
42. résoudre *résolvant* *résolu*	je　résous tu　résous il　résout n.　résolvons v.　résolvez ils résolvent	je　résolvais tu　résolvais il　résolvait n.　résolvions v.　résolviez ils résolvaient	je　résolus tu　résolus il　résolut n.　résolûmes v.　résolûtes ils résolurent	je　résoudrai tu　résoudras il　résoudra n.　résoudrons v.　résoudrez ils résoudront
43. connaître *connaissant* *connu*	je　connais tu　connais il　**connaît** n.　connaissons v.　connaissez ils connaissent	je　connaissais tu　connaissais il　connaissait n.　connaissions v.　connaissiez ils connaissaient	je　connus tu　connus il　connut n.　connûmes v.　connûtes ils connurent	je　connaîtrai tu　connaîtras il　connaîtra n.　connaîtrons v.　connaîtrez ils connaîtront
44. naître *naissant* *né*	je　nais tu　nais il　**naît** n.　naissons v.　naissez ils naissent	je　naissais tu　naissais il　naissait n.　naissions v.　naissiez ils naissaient	je　naquis tu　naquis il　naquit n.　naquîmes v.　naquîtes ils naquirent	je　naîtrai tu　naîtras il　naîtra n.　naîtrons v.　naîtrez ils naîtront
45. croire *croyant* *cru*	je　crois tu　crois il　croit n.　croyons v.　croyez ils croient	je　croyais tu　croyais il　croyait n.　croyions v.　croyiez ils croyaient	je　crus tu　crus il　crut n.　crûmes v.　crûtes ils crurent	je　croirai tu　croiras il　croira n.　croirons v.　croirez ils croiront
46. battre *battant* *battu*	je　bats tu　bats il　**bat** n.　battons v.　battez ils battent	je　battais tu　battais il　battait n.　battions v.　battiez ils battaient	je　battis tu　battis il　battit n.　battîmes v.　battîtes ils battirent	je　battrai tu　battras il　battra n.　battrons v.　battrez ils battront
47. mettre *mettant* *mis*	je　mets tu　mets il　**met** n.　mettons v.　mettez ils mettent	je　mettais tu　mettais il　mettait n.　mettions v.　mettiez ils mettaient	je　mis tu　mis il　mit n.　mîmes v.　mîtes ils mirent	je　mettrai tu　mettras il　mettra n.　mettrons v.　mettrez ils mettront
48. rire *riant* *ri*	je　ris tu　ris il　rit n.　rions v.　riez ils rient	je　riais tu　riais il　riait n.　riions v.　riiez ils riaient	je　ris tu　ris il　rit n.　rîmes v.　rîtes ils rirent	je　rirai tu　riras il　rira n.　rirons v.　rirez ils riront

条件法	接続法		命令法	同型
現　在	現　在	半過去		
je résoudrais tu résoudrais il résoudrait n. résoudrions v. résoudriez ils résoudraient	je résolve tu résolves il résolve n. résolvions v. résolviez ils résolvent	je résolusse tu résolusses il résolût n. résolussions v. résolussiez ils résolussent	résous résolvons résolvez	
je connaîtrais tu connaîtrais il connaîtrait n. connaîtrions v. connaîtriez ils connaîtraient	je connaisse tu connaisses il connaisse n. connaissions v. connaissiez ils connaissent	je connusse tu connusses il connût n. connussions v. connussiez ils connussent	connais connaissons connaissez	注t の前にくるとき i→î. **apparaître** **disparaître** **paraître** **reconnaître**
je naîtrais tu naîtrais il naîtrait n. naîtrions v. naîtriez ils naîtraient	je naisse tu naisses il naisse n. naissions v. naissiez ils naissent	je naquisse tu naquisses il naquît n. naquissions v. naquissiez ils naquissent	nais naissons naissez	注t の前にくるとき i→î. 助動詞はêtre.
je croirais tu croirais il croirait n. croirions v. croiriez ils croiraient	je croie tu croies il croie n. croyions v. croyiez ils croient	je crusse tu crusses il crût n. crussions v. crussiez ils crussent	crois croyons croyez	
je battrais tu battrais il battrait n. battrions v. battriez ils battraient	je batte tu battes il batte n. battions v. battiez ils battent	je battisse tu battisses il battît n. battissions v. battissiez ils battissent	bats battons battez	**abattre** **combattre**
je mettrais tu mettrais il mettrait n. mettrions v. mettriez ils mettraient	je mette tu mettes il mette n. mettions v. mettiez ils mettent	je misse tu misses il mît n. missions v. missiez ils missent	mets mettons mettez	**admettre** **commettre** **permettre** **promettre** **remettre**
je rirais tu rirais il rirait n. ririons v. ririez ils riraient	je rie tu ries il rie n. riions v. riiez ils rient	je risse tu risses il rît n. rissions v. rissiez ils rissent	ris rions riez	**sourire**

不 定 法 現在分詞 過去分詞	直 説 法			
	現　　在	半　過　去	単純過去	単純未来
49. conclure *concluant* *conclu*	je conclus tu conclus il conclut n. concluons v. concluez ils concluent	je concluais tu concluais il concluait n. concluions v. concluiez ils concluaient	je conclus tu conclus il conclut n. conclûmes v. conclûtes ils conclurent	je conclurai tu concluras il conclura n. conclurons v. conclurez ils concluront
50. rompre *rompant* *rompu*	je romps tu romps il rompt n. rompons v. rompez ils rompent	je rompais tu rompais il rompait n. rompions v. rompiez ils rompaient	je rompis tu rompis il rompit n. rompîmes v. rompîtes ils rompirent	je romprai tu rompras il rompra n. romprons v. romprez ils rompront
51. vaincre *vainquant* *vaincu*	je vaincs tu vaincs il **vainc** n. vainquons v. vainquez ils vainquent	je vainquais tu vainquais il vainquait n. vainquions v. vainquiez ils vainquaient	je vainquis tu vainquis il vainquit n. vainquîmes v. vainquîtes ils vainquirent	je vaincrai tu vaincras il vaincra n. vaincrons v. vaincrez ils vaincront
52. recevoir *recevant* *reçu*	je reçois tu reçois il reçoit n. recevons v. recevez ils reçoivent	je recevais tu recevais il recevait n. recevions v. receviez ils recevaient	je reçus tu reçus il reçut n. reçûmes v. reçûtes ils reçurent	je **recevrai** tu **recevras** il **recevra** n. **recevrons** v. **recevrez** ils **recevront**
53. devoir *devant* *dû* (due, dus, dues)	je dois tu dois il doit n. devons v. devez ils doivent	je devais tu devais il devait n. devions v. deviez ils devaient	je dus tu dus il dut n. dûmes v. dûtes ils durent	je **devrai** tu **devras** il **devra** n. **devrons** v. **devrez** ils **devront**
54. pouvoir *pouvant* *pu*	je **peux (puis)** tu **peux** il peut n. pouvons v. pouvez ils peuvent	je pouvais tu pouvais il pouvait n. pouvions v. pouviez ils pouvaient	je pus tu pus il put n. pûmes v. pûtes ils purent	je **pourrai** tu **pourras** il **pourra** n. **pourrons** v. **pourrez** ils **pourront**
55. émouvoir *émouvant* *ému*	j' émeus tu émeus il émeut n. émouvons v. émouvez ils émeuvent	j' émouvais tu émouvais il émouvait n. émouvions v. émouviez ils émouvaient	j' émus tu émus il émut n. émûmes v. émûtes ils émurent	j' **émouvrai** tu **émouvras** il **émouvra** n. **émouvrons** v. **émouvrez** ils **émouvront**

条 件 法	接 続 法		命 令 法	同 型
現　在	現　在	半 過 去		
je conclurais tu conclurais il conclurait n. conclurions v. concluriez ils concluraient	je conclue tu conclues il conclue n. concluions v. concluiez ils concluent	je conclusse tu conclusses il conclût n. conclussions v. conclussiez ils conclussent	conclus concluons concluez	
je romprais tu romprais il romprait n. romprions v. rompriez ils rompraient	je rompe tu rompes il rompe n. rompions v. rompiez ils rompent	je rompisse tu rompisses il rompît n. rompissions v. rompissiez ils rompissent	romps rompons rompez	**interrompre**
je vaincrais tu vaincrais il vaincrait n. vaincrions v. vaincriez ils vaincraient	je vainque tu vainques il vainque n. vainquions v. vainquiez ils vainquent	je vainquisse tu vainquisses il vainquît n. vainquissions v. vainquissiez ils vainquissent	vaincs vainquons vainquez	**convaincre**
je recevrais tu recevrais il recevrait n. recevrions v. recevriez ils recevraient	je reçoive tu reçoives il reçoive n. recevions v. receviez ils reçoivent	je reçusse tu reçusses il reçût n. reçussions v. reçussiez ils reçussent	reçois recevons recevez	**apercevoir** **concevoir**
je devrais tu devrais il devrait n. devrions v. devriez ils devraient	je doive tu doives il doive n. devions v. deviez ils doivent	je dusse tu dusses il dût n. dussions v. dussiez ils dussent	dois devons devez	注命令法はほとんど 用いられない.
je pourrais tu pourrais il pourrait n. pourrions v. pourriez ils pourraient	je **puisse** tu **puisses** il **puisse** n. **puissions** v. **puissiez** ils **puissent**	je pusse tu pusses il pût n. pussions v. pussiez ils pussent		注命令法はない.
j' émouvrais tu émouvrais il émouvrait n. émouvrions v. émouvriez ils émouvraient	j' émeuve tu émeuves il émeuve n. émouvions v. émouviez ils émeuvent	j' émusse tu émusses il émût n. émussions v. émussiez ils émussent	émeus émouvons émouvez	**mouvoir** ただし過去分詞は mû (mue, mus, mues)

不 定 法 現在分詞 過去分詞	直 説 法			
	現　　在	半 過 去	単純過去	単純未来
56. savoir *sachant* *su*	je sais tu sais il sait n. savons v. savez ils savent	je savais tu savais il savait n. savions v. saviez ils savaient	je sus tu sus il sut n. sûmes v. sûtes ils surent	je **saurai** tu **sauras** il **saura** n. **saurons** v. **saurez** ils **sauront**
57. voir *voyant* *vu*	je vois tu vois il voit n. voyons v. voyez ils voient	je voyais tu voyais il voyait n. voyions v. voyiez ils voyaient	je vis tu vis il vit n. vîmes v. vîtes ils virent	je **verrai** tu **verras** il **verra** n. **verrons** v. **verrez** ils **verront**
58. vouloir *voulant* *voulu*	je **veux** tu **veux** il veut n. voulons v. voulez ils veulent	je voulais tu voulais il voulait n. voulions v. vouliez ils voulaient	je voulus tu voulus il voulut n. voulûmes v. voulûtes ils voulurent	je **voudrai** tu **voudras** il **voudra** n. **voudrons** v. **voudrez** ils **voudront**
59. valoir *valant* *valu*	je **vaux** tu **vaux** il vaut n. valons v. valez ils valent	je valais tu valais il valait n. valions v. valiez ils valaient	je valus tu valus il valut n. valûmes v. valûtes ils valurent	je **vaudrai** tu **vaudras** il **vaudra** n. **vaudrons** v. **vaudrez** ils **vaudront**
60. s'asseoir *s'asseyant*[1] *assis*	je m'assieds[1] tu t'assieds il **s'assied** n. n. asseyons v. v. asseyez ils s'asseyent	je m'asseyais[1] tu t'asseyais il s'asseyait n. n. asseyions v. v. asseyiez ils s'asseyaient	je m'assis tu t'assis il s'assit n. n. assîmes v. v. assîtes ils s'assirent	je m'**assiérai**[1] tu t'**assiéras** il s'**assiéra** n. n. **assiérons** v. v. **assiérez** ils s'**assiéront**
s'assoyant[2]	je m'assois[2] tu t'assois il s'assoit n. n. assoyons v. v. assoyez ils s'assoient	je m'assoyais[2] tu t'assoyais il s'assoyait n. n. assoyions v. v. assoyiez ils s'assoyaient		je m'**assoirai**[2] tu t'**assoiras** il s'**assoira** n. n. **assoirons** v. v. **assoirez** ils s'**assoiront**
61. pleuvoir *pleuvant* *plu*	il pleut	il pleuvait	il plut	il **pleuvra**
62. falloir *fallu*	il faut	il fallait	il fallut	il **faudra**

22

条件法	接続法		命令法	同型
現在	現在	半過去		
je saurais tu saurais il saurait n. saurions v. sauriez ils sauraient	je **sache** tu **saches** il **sache** n. **sachions** v. **sachiez** ils **sachent**	je susse tu susses il sût n. sussions v. sussiez ils sussent	**sache** **sachons** **sachez**	
je verrais tu verrais il verrait n. verrions v. verriez ils verraient	je voie tu voies il voie n. voyions v. voyiez ils voient	je visse tu visses il vît n. vissions v. vissiez ils vissent	vois voyons voyez	**revoir**
je voudrais tu voudrais il voudrait n. voudrions v. voudriez ils voudraient	je **veuille** tu **veuilles** il **veuille** n. voulions v. vouliez ils **veuillent**	je voulusse tu voulusses il voulût n. voulussions v. voulussiez ils voulussent	**veuille** **veuillons** **veuillez**	
je vaudrais tu vaudrais il vaudrait n. vaudrions v. vaudriez ils vaudraient	je **vaille** tu **vailles** il **vaille** n. valions v. valiez ils **vaillent**	je valusse tu valusses il valût n. valussions v. valussiez ils valussent		注命令法はほとんど用いられない.
je m'assiérais(1) tu t'assiérais il s'assiérait n. n. assiérions v. v. assiériez ils s'assiéraient	je m'asseye(1) tu t'asseyes il s'asseye n. n. asseyions v. v. asseyiez ils s'asseyent	j' m'assisse tu t'assisses il s'assît n. n. assissions v. v. assissiez ils s'assissent	assieds-toi(1) asseyons-nous asseyez-vous	注時称により2種の活用があるが、 (1)は古来の活用で、 (2)は俗語調である. (1)の方が多く使われる.
je m'assoirais(2) tu t'assoirais il s'assoirait n. n. assoirions v. v. assoiriez ils s'assoiraient	je m'assoie(2) tu t'assoies il s'assoie n. n. assoyions v. v. assoyiez ils s'assoient		assois-toi(2) assoyons-nous assoyez-vous	
il pleuvrait	il pleuve	il plût		注命令法はない.
il faudrait	il **faille**	il fallût		注命令法・現在分詞はない.

NUMÉRAUX（数詞）

CARDINAUX（基数）	ORDINAUX（序数）		CARDINAUX	ORDINAUX
1 **un, une**	**premier（première）**	90	**quatre-vingt-dix**	**quatre-vingt-dixième**
2 deux	deuxième, second（e）	91	quatre-vingt-onze	quatre-vingt-onzième
3 trois	troisième	92	quatre-vingt-douze	quatre-vingt-douzième
4 quatre	quatrième	100	**cent**	**centième**
5 cinq	cinquième	101	cent un	cent（et）unième
6 six	sixième	102	cent deux	cent deuxième
7 sept	septième	110	cent dix	cent dixième
8 huit	huitième	120	cent vingt	cent vingtième
9 neuf	neuvième	130	cent trente	cent trentième
10 **dix**	**dixième**	140	cent quarante	cent quarantième
11 onze	onzième	150	cent cinquante	cent cinquantième
12 douze	douzième	160	cent soixante	cent soixantième
13 treize	treizième	170	cent soixante-dix	cent soixante-dixième
14 quatorze	quatorzième	180	cent quatre-vingts	cent quatre-vingtième
15 quinze	quinzième	190	cent quatre-vingt-dix	cent quatre-vingt-dixième
16 seize	seizième	200	**deux cents**	**deux centième**
17 dix-sept	dix-septième	201	deux cent un	deux cent unième
18 dix-huit	dix-huitième	202	deux cent deux	deux cent deuxième
19 dix-neuf	dix-neuvième	300	**trois cents**	**trois centième**
20 **vingt**	**vingtième**	301	trois cent un	trois cent unième
21 vingt et un	vingt et unième	302	trois cent deux	trois cent deuxième
22 vingt-deux	vingt-deuxième	400	**quatre cents**	**quatre centième**
23 vingt-trois	vingt-troisième	401	quatre cent un	quatre cent unième
30 **trente**	**trentième**	402	quatre cent deux	quatre cent deuxième
31 trente et un	trente et unième	500	**cinq cents**	**cinq centième**
32 trente-deux	trente-deuxième	501	cinq cent un	cinq cent unième
40 **quarante**	**quarantième**	502	cinq cent deux	cinq cent deuxième
41 quarante et un	quarante et unième	600	**six cents**	**six centième**
42 quarante-deux	quarante-deuxième	601	six cent un	six cent unième
50 **cinquante**	**cinquantième**	602	six cent deux	six cent deuxième
51 cinquante et un	cinquante et unième	700	**sept cents**	**sept centième**
52 cinquante-deux	cinquante-deuxième	701	sept cent un	sept cent unième
60 **soixante**	**soixantième**	702	sept cent deux	sept cent deuxième
61 soixante et un	soixante et unième	800	**huit cents**	**huit centième**
62 soixante-deux	soixante-deuxième	801	huit cent un	huit cent unième
70 **soixante-dix**	**soixante-dixième**	802	huit cent deux	huit cent deuxième
71 soixante et onze	soixante et onzième	900	**neuf cents**	**neuf centième**
72 soixante-douze	soixante-douzième	901	neuf cent un	neuf cent unième
80 **quatre-vingts**	**quatre-vingtième**	902	neuf cent deux	neuf cent deuxième
81 quatre-vingt-un	quatre-vingt-unième	1000	**mille**	**millième**
82 quatre-vingt-deux	quatre-vingt-deuxième			

1 000 000　|　**un million**　|　**millionième**　‖　1 000 000 000　|　**un milliard**　|　**milliardième**